Der Lehrmeister Joseph Jacotot lehrt, was er nicht weiß, und verkündet die frohe Botschaft der intellektuellen Emanzipation: Alle Menschen sind gleich intelligent. Jacques Rancière zeichnet die Philosophie der intellektuellen Emanzipation nach und präsentiert sie unserer pädagogisierten und von Ungleichheit geprägten Gesellschaft.
1818 begann Joseph Jacotot, ein exilierter Revolutionär und Lektor für französische Literatur an der Universität Löwen, Panik im gelehrten Europa zu verbreiten: Nicht damit zufrieden, flämischen Studenten ohne eine einzige Lektion Französisch beigebracht zu haben, lehrte er, worüber er unwissend war, und proklamierte die Losung der intellektuellen Emanzipation: Alle Menschen sind gleich intelligent. Es handelt hierbei sich nicht um amüsante Pädagogik, sondern um Philosophie und, wenn man will, um Politik. Die Vernunft lebt nur von der Gleichheit. Die soziale Fiktion lebt demgegenüber nur von Rängen und ihrer unaufhörlichen Rechtfertigung. Die große Lektion Jacotots besteht in der Einsicht, dass Bildung wie Freiheit ist: Sie wird nicht verliehen, sondern genommen. Sie wird den Monopolisten der Intelligenz, die auf dem Erklärthron sitzen, entrissen.

Jacques Rancière, geboren 1940, ist emeritierter Professor für Philosophie und Ästhetik.

DER UNWISSENDE LEHRMEISTER

PASSAGEN FORUM

Jacques Rancière
Der unwissende Lehrmeister

Fünf Lektionen über die intellektuelle Emanzipation

Aus dem Französischen von
Richard Steurer-Boulard

Herausgegeben von Peter Engelmann

Passagen Verlag

Titel der Originalausgabe: *Le maître ignorant. Cinq leçons sur l'émancipation intellectuelle*
Aus dem Französischen von Richard Steurer-Boulard

Die deutsche Bibliothek verzeichnet diese Publikation in der Deutschen Nationalbibliografie; detaillierte bibliografische Daten sind im Internet über http://www.dnb.de abrufbar.

ISBN 978-3-7092-0314-9
3., verbesserte Auflage 2018

http://www.passagen.at
Grafisches Konzept: Gregor Eichinger
Satz: Passagen Verlag Ges. m. b. H., Wien
Druck: Ferdinand Berger & Söhne, 3580 Horn

Inhalt

Kapitel I
Ein intellektuelles Abenteuer

Im Jahre 1818 erlebte Joseph Jacotot, Lehrbeauftragter für französische Literatur an der Universität von Löwen, ein intellektuelles Abenteuer.

Eine lange und bewegte Karriere hätte ihn doch eigentlich vor Überraschungen bewahren sollen: 1789 hatte er seinen neunzehnten Geburtstag gefeiert. Er unterrichtete damals Rhetorik in Dijon und bereitete sich auf den Beruf des Rechtsanwalts vor. 1792 hatte er als Artillerist in den Armeen der Republik gedient. Dann wurde er während der Konventregierung aufeinanderfolgend Lehrer an der Artillerieakademie, Sekretär des Kriegsministers und stellvertretender Direktor des Polytechnikums. Zurück in Dijon hatte er Analysis, Ideengeschichte und klassische Sprachen, reine und transzendente Mathematik sowie Rechtswissenschaft unterrichtet. Im März 1815 brachte ihm die Wertschätzung seiner Mitbürger einen Abgeordnetenposten ein. Die Rückkehr der Bourbonen hatte ihn ins Exil gezwungen und der Liberalität des Königs der Niederlande verdankte er einen Professorenposten zu halbem Gehalt. Joseph Jacotot kannte die Gesetze der Gastfreundschaft und gedachte in Löwen ruhige Tage zu verbringen.

Der Zufall entschied es anders. Die Vorlesungen des bescheidenen Lektors wurden bald von den Studenten geschätzt. Unter jenen, die von ihnen profitieren wollten, waren viele der französischen Sprache nicht mächtig. Joseph Jacotot seinerseits konnte wiederum überhaupt kein Niederländisch. Es gab also keine Sprache, in der er sie lehren konnte, was sie von ihm verlangten. Er wollte jedoch auf ihren Wunsch eingehen. Dazu musste man zwischen ihnen und ihm eine minimale Verbindung einer gemeinsamen *Sache* herstellen.

Nun wurde zu dieser Zeit in Brüssel gerade eine zweisprachige Ausgabe von Fénelons *Telemach* veröffentlicht. Die gemeinsame Sache war gefunden und Telemach trat somit in Joseph Jacotots Leben. Er ließ das Buch den Studenten aushändigen und ersuchte sie, den französischen Text mit Hilfe der Übersetzung zu lernen. Als sie die Mitte des ersten Buches erreicht hatten, ließ er ihnen mitteilen, sie sollten ohne Unterlass wiederholen, was sie gelernt hätten, und sich damit begnügen, den Rest des Buches derart zu lesen, um imstande zu sein, ihn nachzuerzählen. Dies war eine Verlegenheitslösung, aber in kleinem Maßstab auch ein philosophisches Experiment nach dem Geschmack des Jahrhunderts der Aufklärung. Und Joseph Jacotot blieb noch 1818 ein Mann des vergangenen Jahrhunderts.

Das Experiment jedoch übertraf seine Erwartungen. Er ersuchte die solcherart vorbereiteten Studenten, auf Französisch aufzuschreiben, was sie von all dem Gelesenen dachten. „Er erwartete schreckliche Barbarismen, eine absolute Unfähigkeit vielleicht. Wie sollten diese jungen Leute ohne Erklärungen verstehen und die Schwierigkeiten einer für sie neuen Sprache lösen können? Egal! Man musste sehen, wohin dieser zufällig eröffnete Weg sie geführt hatte, welches die Resultate dieses verzweifelten Empirismus waren. Wie war er nicht erstaunt, als er entdeckte, dass diese auf sich selbst angewiesenen Schüler ebenso gut diese heiklen Situation bewältigt hatten, wie es viele Franzosen getan hätten! Brauchte man nur zu wollen, um zu können? Waren also alle Menschen virtuell fähig zu verstehen, was andere gemacht und verstanden hatten?“[1]

Dies war die Revolution, die dieses Zufallsexperiment in seinem Geist hervorrief. Bis dahin hatte er wie alle gewissenhaften Professoren geglaubt, dass die wesentliche Sache des Lehrmeisters die ist, seine Kenntnisse den Schülern zu vermitteln, um sie graduell zu seinem eigenen Wissen zu führen. Er wusste wie sie, dass es nicht darum ging, den Schülern Kenntnisse einzutrichtern und sie diese wie Papageien wiederholen zu lassen, aber auch, dass man ihnen diese Zufallswege ersparen muss, auf denen sich die Geister verlieren, die noch unfähig sind, das Wesentliche vom Nebensächlichen und das Prinzip von der Konsequenz zu unterscheiden. Kurz, die wesentliche Aufgabe des Lehrmeisters besteht darin, zu *erklären*, die einfachen Elemente der Kenntnisse hervorzuheben und ihre prinzipielle Einfachheit mit der tatsächlichen Einfachheit, die die jungen und unwissenden Geister kennzeichnet, in Übereinstimmung zu bringen. Lehren, das hieß gleichzeitig Kenntnisse zu vermitteln und Geister zu bilden, indem man sie, einem geordneten Fortschreiten folgend, vom Einfacheren zum Komplizierteren leitete. So erhöbe sich der Schüler in der systematischen Aneignung des Wissens, der Bildung der Urteilskraft und des Geschmacks so hoch, wie seine gesellschaftliche Bestimmung es verlangte, und so wäre er vorbereitet, gemäß dieser Bestimmung von seinem Wissen Gebrauch zu machen: lehren, prozessieren oder regieren für die belesenen Eliten; entwerfen, zeichnen oder Instrumente und Maschinen fabrizieren für die neuen Avantgarden, die man jetzt aus der Elite des Volkes zu schöpfen versuchte; im Gang der Wissenschaften neue Entdeckungen machen, für die Geister, die für diese besondere Leistung begabt waren. Wahrscheinlich wich die Vorgehensweise dieser Männer der Wissenschaft spürbar von der vernünftigen Ordnung der Pädagogen ab. Aber daraus brauchte man kein Argument gegen diese Ordnung machen. Im Gegenteil, man musste zuerst eine solide und methodische Ausbildung erworben haben, um den Besonderheiten des Genies Aufschwung verleihen zu können. *Post hoc, ergo propter hoc.*

So denken alle gewissenhaften Professoren. So hatte Joseph Jacotot in dreißig Jahren Berufsleben gedacht und gehandelt. Nun jedoch war Sand ins Getriebe gekommen. Er hatte seinen „Schülern" keinerlei Erklärung zu den Grundelementen der Sprache gegeben. Er hatte ihnen weder die Rechtschreibung noch die Konjugationen erklärt. Sie hatten alleine die französischen Wörter, die den Wörtern entsprachen, die sie kannten, und die Gründe für die Wortendungen gesucht. Sie hatten alleine gelernt, sie zu kombinieren, um ihrerseits französische Sätze zu bilden: Sätze, deren Orthographie und Grammatik zunehmend richtiger wurden, je weiter sie im Buch fortschritten; aber vor allem Sätze von Schriftstellern und nicht von Schülern. Waren die Erklärungen des Lehrmeisters also überflüssig? Oder, wenn sie es nicht waren, wem und wozu nützten sie dann?

Die Ordnung des Erklärens

Eine plötzliche Erleuchtung im Geiste des Joseph Jacotot erhellte auf brutale Weise diese unhinterfragte Evidenz eines jeden Lehrsystems: die Notwendigkeit von Erklärungen. Was ist denn offensichtlicher als diese Evidenz? Niemand kennt wahrhaft etwas, wenn er es nicht verstanden hat. Und damit er verstehe, muss man ihm eine Erklärung gegeben haben, muss das Wort des Lehrmeisters die Stummheit des unterrichteten *Gegenstandes* gebrochen haben.

Diese Logik weist allerdings so manche Dunkelheit auf. Da hält nun zum Beispiel ein Schüler ein Buch in Händen. Dieses Buch besteht aus einer Menge von Gedankengängen, die dazu bestimmt sind, dem Schüler den Gegenstand verständlich zu machen. Aber nun ergreift der Lehrmeister das Wort, um das Buch zu erklären. Er entfaltet eine Menge Gedankengänge, um die Menge der Gedankengänge, die das Buch ausmachen, zu erklären. Aber warum braucht dieses eine solche Hilfe? Könnte, anstatt einen Erklärenden zu bezahlen, der Familienvater nicht einfach seinem Sohn das Buch geben und das Kind direkt die Überlegungen des Buches verstehen? Und wenn das Kind sie nicht versteht, warum sollte es eher die Überlegungen verstehen, die ihm erklären sollen, was es nicht verstanden hat? Sind diese anderer Natur? Und wird man in diesem Fall nicht die Art, sie zu verstehen, erklären müssen?

Die Logik der Erklärung beinhaltet also das Prinzip eines unendlichen Regresses. Die Verdoppelung der Gründe hat keinen Grund, jemals aufzuhören. Was die Regression beendet und dem System seine Grundlage verleiht, ist ganz einfach, dass der Erklärende als Einziger darüber entscheidet, an welchem Punkt die Erklärung selbst erklärt ist. Er ist der einzige Richter in dieser Frage, die in sich selbst schwindelerregend ist: Hat der Schüler die Gedankengänge verstanden, die ihn lehren, die Gedankengänge zu verstehen? Hier ersetzt der Lehrmeister den Familienvater: Wie könnte dieser sicher sein, dass das Kind die Gedankengänge des Buches verstanden hat? Was dem Familienvater fehlt, was dem Trio, das er mit dem Kind und dem Buch bildet, immer fehlen wird, ist diese einzigartige Kunst des Erklärenden: die Kunst der *Distanz*. Das Geheimnis des Lehrmeisters ist es, die Distanz zwischen dem gelehrten Gegenstand und dem zu belehrenden Subjekt, die Distanz auch zwischen *lernen* und *verstehen*, erkennen zu können. Der Erklärende ist jener, der die Distanz einsetzt und abschafft, der sie inmitten seiner Rede entfaltet und auflöst.

Diese privilegierte Stellung der Rede hebt den unendlichen Regress nur auf, um eine paradoxe Hierarchie einzurichten. In der Erklärordnung ist allgemein eine mündliche Erklärung nötig, um die schriftliche Erklärung zu erklären. Das setzt voraus, dass die Gedankengänge, wenn sie durch die lebendige Rede des Lehrmeisters vermittelt sind, die sich augenblicklich auflöst, klarer sind, sich besser dem Geist des Schülers einprägen als die im Buch, wo sie für immer in unauslöschlichen Buchstaben geschrieben stehen. Wie soll man dieses paradoxe Privileg der Rede gegenüber der Schrift, des Hörens gegenüber dem Sehen begreifen? Welches Verhältnis besteht also zwischen der Macht der Rede und der des Lehrmeisters?

Dieses Paradox trifft gleich auf ein anderes: Die *Wörter*, die das Kind am frühsten lernt, in deren Sinn es am frühsten eindringt, die es sich am frühsten für seinen eigenen Gebrauch aneignet, sind diejenigen, die es ohne erklärenden Lehrmeister, noch vor jedem Lehrmeister lernt. Der unterschiedlichen Ergiebigkeit der verschiedenen intellektuellen Lernvorgänge nach ist das, was die Menschenkinder am frühesten lernen, dasjenige, was ihnen kein Lehrmeister erklären kann, nämlich die Muttersprache. Man spricht mit ihnen und spricht in ihrer Gegenwart. Sie hören und merken sich, ahmen nach und wiederholen, sie irren sich und korrigieren sich, treffen glücklich das Richtige und machen methodisch weiter. In einem zu zarten Alter, als dass die Erklärenden ihren Unterricht vornehmen können, sind so gut wie alle – welcher Art ihr Geschlecht, ihr sozialer Stand und ihre Hautfarbe auch sei – fähig, die Sprache ihrer Eltern zu verstehen und zu sprechen.

Nun aber, da dieses Kind durch seine eigene Intelligenz und durch Lehrmeister, die ihm nicht die Sprache erklärten, zu sprechen gelernt hat, beginnt der eigentliche Unterricht. Alles geht jetzt so vor sich, als ob es nicht mehr mit Hilfe seiner eigenen Intelligenz, die ihm bis dahin gedient hatte, lernen könnte, als ob ihm das eigenständige Verhältnis des Lernens zur Verifizierung nunmehr fremd wäre. Zwischen dem einen und dem anderen hat sich jetzt eine Undurchsichtigkeit etabliert. Es geht darum, zu *verstehen* und dieses eine Wort wirft einen Schleier auf jedes Ding: *Verstehen* ist das, was das Kind nicht schaffen kann ohne die Erklärungen eines Lehrmeisters, später so vieler Lehrmeister, wie es Gegenstände zu verstehen gibt, die in einer gewissen fortschreitenden Ordnung vorgegeben sind. Daran fügt sich der sonderbare Umstand, dass diese Erklärungen, seitdem die Ära des Fortschritts begonnen hat, nicht aufhören, sich dahingehend zu vervollkommnen, besser zu erklären, besser verstehen zu lassen, besser lernen zu lehren, ohne dass man jemals eine Vollkommenheit messen könnte, die diesem genannten Verständnis entspräche. Eher wird man in zunehmendem Maße das Sinken der Leistungsfähigkeit des Erklärsystems beklagen und bedauern, was natürlich wieder eine neue Vervollkommnung nötig macht, um die Erklärungen für jene einfacher verständlich zu machen, die sie nicht verstehen …

Die Offenbarung, von der Joseph Jacotot erleuchtet wurde, fasst sich darin zusammen: Man muss die Logik des Erklärsystems umdrehen. Die Erklärung ist nicht nötig, um einer Verständnisunfähigkeit abzuhelfen. Diese *Unfähigkeit* ist im Gegenteil die strukturierende Fiktion der erklärenden Auffassung der Welt. Der Erklärende braucht den Unfähigen, nicht umgekehrt. Er ist es, der den Unfähigen als solchen schafft. Jemandem etwas erklären heißt, ihm zuerst zu beweisen, dass er nicht von sich aus verstehen kann. Bevor die Erklärung ein Akt des Pädagogen ist, ist sie der Mythos der Pädagogik, das Gleichnis einer Welt, die in Wissende und Unwissende geteilt ist, in reife Geister und unreife Geister, fähige und unfähige, intelligente und dumme. Die dem Erklärenden eigene Kunstfertigkeit besteht in dieser doppelt gründenden Geste. Einerseits dekretiert er diesen absoluten Anfang: Von diesem Moment an erst wird der Lernakt beginnen. Andererseits wirft er über alle zu lernenden Dinge diesen Schleier der Unwissenheit, den er sich selbst zu lüften auferlegt hat. Bis zu ihm hat der junge Mensch im Blinden getappt, auf gut Glück geraten. Jetzt wird er lernen. Er hörte Wörter und wiederholte sie. Jetzt geht es darum zu lesen und er wird nicht die Wörter verstehen, wenn er nicht die Silben versteht, nicht die Silben, wenn er nicht die Buchstaben versteht, die ihm weder das Buch noch die Eltern verständlich machen können, sondern nur die Rede des Lehrmeisters. Der pädagogische Mythos teilt, so sagten wir, die Welt entzwei. Man muss genauer sagen, dass er die Intelligenz zweiteilt. Es gibt, sagt er, eine niedrigere und eine höhere Intelligenz. Die erste nimmt durch Zufall wahr, behält, interpretiert und wiederholt empirisch im engen Kreis der Gewohnheiten und Bedürfnisse. Das ist die Intelligenz des kleinen Kindes und des einfachen Mannes aus dem Volk. Die zweite kennt die Dinge durch Gründe, sie geht methodisch vor, vom Einfachen zum Komplexen, vom Teil zum Ganzen. Sie erlaubt es dem Lehrmeister, seine Kenntnisse zu vermitteln, indem er sie den intellektuellen Fähigkeiten des Schülers anpasst und überprüft, ob der Schüler wohl verstanden hat, was er gelernt hat. Das ist das Prinzip der Erklärung. Das wird von nun an für Jacotot das Prinzip der *Verdummung* sein.

Damit keine Missverständnisse entstehen, entkräften wir die bekannten Bilder. Der Verdummer ist nicht der alte schwerfällige Lehrmeister, der die Schädel seiner Schüler mit unverdaulichen Kenntnissen vollstopft, auch nicht das bösartige Wesen, das das Spiel der doppelten Wahrheit praktiziert, um seine Macht und die soziale Ordnung aufrechtzuerhalten. Im Gegenteil, er ist umso wirksamer, als er gelehrt, aufgeklärt und guten Willens ist. Je gelehrter er ist, desto offensichtlicher erscheint ihm die Distanz seines Wissens zur Unwissenheit der Unwissenden. Je aufgeklärter er ist, desto offensichtlicher scheint ihm der Unterschied, den es zwischen dem blinden Herumtasten und dem methodischen Suchen gibt; desto mehr wird er sich darum bemühen, den Buchstaben durch den Geist, die Autorität des Buches durch die Klarheit der Erklärungen zu ersetzen. Der Schüler muss vor allem verstehen, wird er sagen, und daher muss man es ihm immer besser erklären. Dies ist die Sorge des aufgeklärten Pädagogen: Versteht der Kleine? Er versteht nicht. Ich werde neue Weisen finden, es ihm zu erklären, strenger in ihrem Prinzip, anziehender in ihrer Form; und ich werde verifizieren, dass er verstanden hat.

Noble Sorge. Unglücklicherweise ist es gerade dieses kleine Wort, dieses Losungswort der Aufgeklärten – *verstehen* –, welches das ganze Übel anrichtet. Es hält die Bewegung der Vernunft auf, zerstört ihr Vertrauen in sich selbst, bringt sie aus ihrer eigenen Bahn, indem es die Welt der Intelligenz entzweibricht, indem es den Einschnitt zwischen dem tastenden Tier und dem kleinen gebildeten Herrn, dem Gemeinsinn und der Wissenschaft vollzieht. Sobald dieses Losungswort der Dualität ausgesprochen ist, ist jede Vervollkommnung des *Verständlichmachens*, dieser großen Sorge der Methodiker und Fortschrittler, ein Fortschritt in der Verdummung. Das Kind, das unter der Drohung von Schlägen stottert, gehorcht der Rute, das ist alles, und es wird seine Intelligenz auf etwas anderes anwenden. Aber der Kleine, dem *erklärt* worden ist, wird seine ganze Intelligenz in diese Trauerarbeit investieren: zu verstehen, das heißt, zu verstehen, dass er nicht versteht, wenn man ihm nicht erklärt. Er unterwirft sich nicht mehr der Rute, sondern der Hierarchie der Welt der Intelligenzen. Im Übrigen ist er genauso ruhig wie der andere: Wenn es zu schwierig ist, die Lösung des Problems zu suchen, so wird er die Intelligenz haben, große Augen zu machen. Der Lehrmeister ist umsichtig und geduldig. Er wird sehen, dass der Kleine nicht mehr mitkommt, er wird ihn wieder auf den Weg bringen, indem er es ihm von neuem erklärt. So erlangt der Kleine eine neue Intelligenz, die der Erklärungen des Lehrmeisters. Später wird er seinerseits Erklärender sein können. Er besitzt die Ausrüstung dafür. Aber er wird sie perfektionieren – er wird ein Mann des Fortschritts sein.

Der Zufall und der Wille

So nimmt die Welt der erklärten Erklärenden ihren Lauf. So wäre es auch mit Professor Jacotot weitergegangen, wenn ihn der Zufall nicht vor eine *Tatsache* gestellt hätte. Und Joseph Jacotot dachte, dass jede Überlegung von den Tatsachen ausgehen und ihnen Platz machen muss. Verstehen wir darunter nicht, er sei Materialist gewesen. Im Gegenteil: Wie Descartes die Bewegung bewies, indem er ging, aber auch so wie sein Zeitgenosse, der sehr königstreue und sehr religiöse Maine de Biran, hielt er die *Tatsachen* des Geistes, der wirkt und sich seines Wirkens bewusst wird, für sicherer als jedes materielle *Ding*. Und um genau das handelte es sich: *Es war eine Tatsache*, dass diese Studenten ohne Hilfe seiner Erklärungen *sich selbst* Französisch sprechen und schreiben *beigebracht hatten*. Er hatte ihnen nichts von seiner Wissenschaft übermittelt, weder die Wortwurzeln noch die Wortflexionen der französischen Sprache erklärt. Er war nicht einmal in der Weise jener Reformpädagogen vorgegangen, die, wie der Erzieher des *Emile*, ihre Schüler auf Abwege führen, um sie besser leiten zu können und hinterlistig einen Hindernisparcours aufbauen, den man zu überwinden lernen muss. Er hatte sie alleine gelassen mit dem Text von Fénelon, einer Übersetzung – nicht einmal zwischenzeilig nach der Schulart – und mit ihrem Willen, Französisch zu lernen. Die Notwendigkeit hatte ihn dazu gezwungen, seine Intelligenz, diese vermittelnde Intelligenz des Lehrmeisters, die die in den geschriebenen Wörtern gedruckte Intelligenz mit jener des Lehrlings verbindet, außer Spiel zu lassen. Und gleichzeitig hatte er diese imaginäre Distanz aufgelöst, die das Prinzip der pädagogischen Verdummung ist. Alles spielte sich notwendigerweise ab zwischen der Intelligenz Fénelons, der die französische Sprache auf eine bestimmte Weise gebrauchen *wollte*, jener des Übersetzers, der davon ein niederländisches Äquivalent geben *wollte* und der Intelligenz von Lernenden, die Französisch lernen *wollten*. Es war offenbar geworden, dass keine andere Intelligenz nötig war. Ohne daran zu denken, hatte er sie entdecken lassen, was er mit ihnen entdeckte: Alle Sätze und folglich alle Intelligenzen, die sie produzieren, sind von gleicher Natur. Verstehen ist immer nur übersetzen, das heißt einem Text eine Entpsrechung geben, aber nicht seinen Grund. Es gibt nichts hinter einer geschriebenen Seite, keinen doppelten Boden, der die Arbeit einer *anderen* Intelligenz, die des Erklärenden, erfordern würde; es gibt keine Sprache des Lehrmeisters, keine Sprache der Sprache, deren Wörter und Sätze die Macht hätten, den Grund der Wörter und Sätze eines Textes zu sagen. Die flämischen Studenten hatten den Beweis erbracht: Sie hatten, um über den *Telemach* zu sprechen, nur die Wörter des *Telemach* zu ihrer Verfügung. Es genügen also die Sätze Fénelons, um die Sätze Fénelons zu verstehen und um zu sagen, was man davon verstanden hat. Lernen und verstehen sind zwei Weisen, denselben Akt der Übersetzung auszudrücken. Es gibt nichts jenseits des Textes, außer den Willen sich auszudrücken, das heißt zu übersetzen. Wenn sie die Sprache verstanden hatten, indem sie Fénelon lernten, dann nicht einfach durch die Gymnastik, die eine linke Seite mit einer rechten Seite vergleicht. Es ist nicht die Geschicklichkeit, die Spalte zu wechseln, die zählt, sondern die Fähigkeit, das, was man denkt, in den Worten der anderen zu sagen. Wenn sie das von Fénelon gelernt hatten, so deshalb, weil die Leistung des Schriftstellers Fénelon selbst die Leistung eines *Übersetzers* war: Um eine politische Lektion in eine Legendenerzählung zu übersetzen, hatte Fénelon in das Französisch seines Jahrhunderts das Griechisch von Homer, das Latein von Vergil und die gelehrte oder naive Sprache von Hunderten anderen Texten, vom Kindermärchen bis zur Geschichtsschreibung, übertragen. Er hatte für diese doppelte Übersetzung dieselbe Intelligenz angewandt, die sie ihrerseits verwendeten, um mit den Sätzen seines Buches zu erzählen, was sie von seinem Buch dachten.

Aber auch die Intelligenz, die sie das Französische im *Telemach* erlernen ließ, war dieselbe, mit der sie die Muttersprache gelernt hatten: indem sie beobachteten und im Gedächtnis behielten, wiederholten und verifizierten, das, was sie zu erfahren suchten, mit dem verglichen, was sie bereits kannten, indem sie das machten und überdachten, was sie bereits gemacht hatten. Sie waren vorgegangen, wie man nicht vorgehen darf, wie die Kinder, blind und *ratend*. Und es stellte sich also die Frage, ob man nicht die etablierte Ordnung der intellektuellen Werte umdrehen müsste? Ist diese schimpfliche Methode des Ratens nicht die wahre Bewegung der menschlichen Intelligenz, die ihre *eigene* Macht in Besitz nimmt? Ist ihr Verbot nicht zuerst vom Willen gekennzeichnet, die Welt der Intelligenz in zwei zu teilen? Die Methodiker setzen der schlechten Methode des Zufalls das Verfahren der Vernunft entgegen. Aber sie setzen voraus, was sie beweisen wollen. Sie setzen ein kleines Tier voraus, das die Welt erkundet, indem es sich an den Dingen stößt, das noch nicht fähig ist zu sehen, und das sie eben zu erkennen lehren werden. Aber der kleine Mensch ist zuerst ein Wesen der Rede. Das Kind, das die Wörter wiederholt, und der flämische Student, der in seinem *Telemach* „verloren" ist, gehen nicht zufällig vor. All ihre Anstrengung, all ihre Erkundung ist darauf gerichtet: Eine menschliche Rede ist an sie gerichtet worden, die sie erkennen wollen und auf die sie antworten wollen, nicht als Schüler oder Gelehrte, sondern als Menschen; wie man jemandem antwortet, der zu einem spricht, und nicht jemandem, der einen prüft: unter dem Zeichen der Gleichheit.

Es ist eine Tatsache, dass sie alleine ohne erklärenden Lehrmeister gelernt haben. Nun, was einmal stattgefunden hat, ist immer möglich. Diese Entdeckung konnte zwar die Prinzipien des *Professors* Jacotot erschüttern. Aber der Mensch Jacotot war imstande, die Vielfältigkeit dessen, was man von einem Menschen erwarten kann, zu erkennen. Sein Vater war Fleischer gewesen, bevor er für seinen Großvater, ein Schuster, der seinen Enkel in die Mittelschule geschickt hatte, die Buchhaltung übernahm. Er selbst war Rhetorikprofessor, als 1792 der Ruf zu den Waffen erschallte. Die Wahl seiner Kameraden hatte aus ihm einen Artilleriehauptmann gemacht und er hatte sich als bemerkenswerter Artillerist herausgestellt. 1793, im Büro für Schießpulver, wurde dieser Latinist Chemielehrer, um beschleunigt jene Arbeiter auszubilden, die man in alle Ecken des Landes schickte, um die Entdeckungen von Fourcroy anzuwenden. Bei eben diesem Fourcroy hatte er Vauquelin kennengelernt, der sich als Sohn eines Bauern im Geheimen zu einem Chemiker ausgebildet hatte. Am Polytechnikum hatte er jene jungen Leute gesehen, die improvisierte Kommissionen nach dem doppelten Kriterium der Flinkheit ihres Verstandes und ihres Patriotismus ausgewählt hatten. Und er hatte sie sehr gute Mathematiker werden sehen, weniger durch die Mathematik, die Monge oder Lagrange ihnen erklärten, als durch die, die sie ihnen vormachten. Er selbst hatte offensichtlich von seinen administrativen Funktionen profitiert, um Kompetenz als Mathematiker zu erlangen, die er später an der Universität von Dijon zur Geltung brachte. Genau so, wie er Hebräisch zu den Alten Sprachen, die er lehrte, hinzugefügt und eine *Abhandlung über die hebräische Sprache* verfasst hatte. Er dachte, Gott weiß warum, dass diese Sprache Zukunft hätte. Schlussendlich hatte er sich widerstrebend, aber mit umso größerer Entschiedenheit eine Kompetenz als Volksvertreter angeeignet. Kurz, er wusste, dass der Wille der Individuen und die dem Vaterland drohende Gefahr unerhörte Fähigkeiten hervorbringen können, unter Umständen, wo die Dringlichkeit dazu nötigte, die Etappen des erklärenden Fortschreitens zu überspringen. Er dachte, dass dieser Ausnahmezustand, befohlen von der Not der Nation, sich nicht prinzipiell von dieser Dringlichkeit unterscheidet, die die Entdeckung der Welt durch das Kind gebietet, oder jener anderen, die den besonderen Weg der Wissenschaftler und Erfinder bestimmt. Über die Erfahrung des Kindes, des Wissenschaftlers und des Revolutionärs lüftete die Methode des *Zufalls*, die erfolgreich von den flämischen Studenten angewandt wurde, ihr zweites Geheimnis. Diese Methode der *Gleichheit* war zuallererst eine Methode des *Willens*. Man konnte, wenn man es wollte, allein und ohne erklärenden Lehrmeister durch die Spannung seines eigenen Begehrens oder durch den Zwang der Situation lernen.

Dieser Zwang war diesmal die von Jacotot gegebene Anweisung. Und es war daraus eine überaus wichtige Konsequenz entstanden, nicht für die Schüler, sondern für den Lehrmeister. Die Schüler hatten ohne erklärenden Lehrmeister gelernt, aber deswegen noch nicht ohne Lehrmeister. Sie wussten vorher nicht und jetzt wussten sie. Also hatte Jacotot sie etwas gelehrt. Jedoch hatte er ihnen nichts von seiner Wissenschaft vermittelt. Es war also nicht das Wissen des Lehrmeisters, das der Schüler lernte. Jacotot war Lehrmeister gewesen durch den Befehl, der seine Schüler in den Kreis eingeschlossen hatte, aus dem sie alleine herauskommen konnten, indem er seine Intelligenz aus dem Spiel ließ, um ihre Intelligenz den Schwierigkeiten des Buches zu überlassen. Somit waren die zwei Funktionen getrennt, die die Praxis des erklärenden Lehrmeisters zusammenbindet, die des Wissenden und die des Lehrmeisters. Somit waren gleichfalls die zwei Vermögen getrennt und voneinander befreit, die im Akt des Lernens im Spiel sind: die Intelligenz und der Wille. Zwischen dem Lehrmeister und dem Schüler hatte sich ein reines Verhältnis von Wille zu Wille etabliert: ein Verhältnis der Herrschaft des Lehrmeisters, das ein gänzlich freies Verhältnis der Intelligenz des Schülers zu jener des Buches zur Folge hatte – diese Intelligenz des Buches war auch das einzig Gemeinsame zwischen Lehrmeister und Schüler. Diese Anordnung erlaubte, die vermischten Kategorien der Pädagogik zu entwirren und genau die erklärende Verdummung zu definieren. Es gibt Verdummung da, wo eine Intelligenz einer anderen Intelligenz untergeordnet ist. Der Mensch – und besonders das Kind – kann einen Lehrmeister benötigen, wenn sein Wille nicht stark genug ist, um ihn auf seinen Weg zu bringen und dort zu halten. Aber diese Unterwerfung besteht rein zwischen Wille und Wille. Sie wird verdummend, wenn sie eine Intelligenz an eine andere Intelligenz bindet. Im Lehr- und Lernakt gibt es zwei Willen und zwei Intelligenzen. Man wird ihr Zusammenfallen *Verdummung* nennen. In der experimentellen Situation, die von Jacotot geschaffen wurde, war der Schüler an einen Willen gebunden, an jenen von Jacotot, und an eine Intelligenz, jene des Buches, beide gänzlich voneinander getrennt. Man wird die anerkannte und aufrechterhaltene Differenz dieser zwei Verhältnisse, den Akt einer Intelligenz, die nur sich selbst gehorcht, selbst wenn der Wille einem anderen Willen gehorcht, *Emanzipation* nennen.

Dieses pädagogische Experiment ermöglichte somit einen Bruch mit der Logik aller Pädagogiken. Die Praxis der Pädagogen stützt sich auf die Opposition von Wissen und Unwissenheit. Die Pädagogen unterscheiden sich durch die gewählten Mittel, um den Unwissenden wissend zu machen: harte oder weiche Methoden, traditionelle oder moderne, passive oder aktive, deren Ertrag man vergleichen kann. Von diesem Blickpunkt aus könnte man, als erste Zugangsweise, die Schnelligkeit der Schüler Jacotots mit der Langsamkeit traditioneller Methoden vergleichen. Aber in Wirklichkeit gibt es nichts zu vergleichen. Die Gegenüberstellung von Methoden setzt eine minimale Übereinstimmung über die Ziele des pädagogischen Akts voraus: die Übertragung der Kenntnisse des Lehrmeisters auf den Schüler. Nur hatte Jacotot nichts übertragen. Er hatte von keiner Methode Gebrauch gemacht. Die Methode war rein diejenige des Schülers. Und Französisch schneller oder langsamer zu lernen ist an sich belanglos. Der Vergleich fand nicht mehr zwischen Methoden statt, sondern zwischen zwei Gebrauchsweisen der Intelligenz und zwischen zwei Konzeptionen der intellektuellen Ordnung. Der *schnelle Weg* war nicht jener einer besseren Pädagogik. Er war ein anderer Weg, jener der Freiheit, dieser Weg, den Jacotot in den Armeen des Jahres II erfahren hatte, in der Fabrikation des Schießpulvers oder der Einrichtung des Polytechnikums. Der Weg der Freiheit entsprach der Dringlichkeit ihrer Bedrängnis, aber auch dem Vertrauen in die intellektuelle Fähigkeit jedes menschlichen Wesens. Unter dem pädagogischen Verhältnis der Unwissenheit zum Wissen musste man das grundsätzlichere philosophische Verhältnis zwischen Verdummung und Emanzipation erkennen. Es waren somit nicht zwei, sondern vier Begriffe im Spiel. Der Lernakt konnte nach vier verschieden kombinierten Bestimmungen vollzogen werden: durch einen emanzipierenden Lehrmeister oder durch einen verdummenden; durch einen wissenden Lehrmeister oder durch einen unwissenden Lehrmeister.

Diese letzte Behauptung war am schwierigsten zu ertragen. Es ist noch akzeptabel zu hören, dass ein Wissender darauf verzichten müsse, sein Wissen zu erklären. Aber wie kann man zugeben, dass ein Unwissender für einen anderen Unwissenden Grund von Wissen sein könne? Das Experiment Jacotots selbst war durch seine Qualität als Französischprofessor zwiespältig. Aber da es zumindest gezeigt hatte, dass es nicht das Wissen des Lehrmeisters war, das den Schüler bildete, hinderte den Lehrmeister nichts daran, etwas anderes als sein Wissen zu lehren, etwas zu lehren, was er nicht kannte. Joseph Jacotot machte sich also daran, die Experimente zu variieren, absichtlich zu wiederholen, was der Zufall einmal hervorgebracht hatte. Er fing also an, zwei Gegenstände zu unterrichten, in denen seine Inkompetenz anerkannt war: Malen und Klavierspielen. Die Rechtsstudenten wollten, dass man ihm einen freien Lehrstuhl an ihrer Fakultät gäbe. Aber die Universität von Löwen beunruhigte sich bereits über diesen extravaganten Lektor, für den man die Hauptkurse schwänzte, um sich in einem zu kleinen Saal beim Schein bloß zweier Kerzen zu drängen, wo man zu hören bekam: „Ich muss Sie lehren, dass ich Sie nichts zu lehren habe.“[2] Die konsultierte Behörde antwortete, dass er zu diesem Unterricht kein Recht hätte. Er kümmerte sich also genau darum, den Abstand zwischen dem Anrecht und dem Akt zu erproben. Anstatt also auf Französisch eine Vorlesung über das Recht zu geben, lehrte er seine Schüler auf Niederländisch Plädoyers zu halten. Sie plädierten sehr gut, nur er konnte noch immer kein Niederländisch.

Der Zirkel der Fähigkeit

Die Erfahrung schien ihm ausreichend, um festzustellen, dass *man unterrichten kann, worin man unwissend ist*, wenn man den Schüler emanzipiert, das heißt, wenn man ihn dazu zwingt, seine eigene Intelligenz zu gebrauchen. Lehrmeister ist derjenige, der eine Intelligenz in den willkürlichen Zirkel einschließt, aus dem sie nur herauskommt, indem sie sich für sich selbst notwendig macht. Um einen Unwissenden zu emanzipieren, muss man selbst emanzipiert sein, das heißt, sich der wahren Macht des menschlichen Geistes bewusst sein – und das genügt. Der Unwissende wird alleine lernen, was der Lehrmeister nicht kann, wenn der Lehrmeister glaubt, dass er es kann und ihn dazu verpflichtet, seine Fähigkeit zu aktualisieren: Zirkel der *Fähigkeit*, der homolog zum Zirkel der Unfähigkeit ist, der den Schüler an den Erklärenden der alten Methode bindet (wir werden sie ab nun einfach *die Alte* nennen). Aber das Kräfteverhältnis ist ein ganz besonderes. Der Zirkel der Unfähigkeit ist immer schon da, er ist selbst das Funktionieren der gesellschaftlichen Welt, das sich im offenbaren Unterschied von Unwissenheit und Wissenschaft versteckt. Der Zirkel der Fähigkeit hingegen kann nur in seiner Öffentlichkeit Wirkung zeigen. Aber er kann nur als Tautologie oder als Absurdität erscheinen. Wie wird ein wissender Lehrmeister jemals verstehen, dass er genauso gut unterrichten kann, was er nicht weiß, wie das, was er weiß? Er wird diese Aufwertung der intellektuellen Fähigkeit nur als eine Abwertung seines Wissens begreifen. Und der Unwissende seinerseits glaubt sich nicht fähig, durch sich selbst zu lernen, geschweige denn einen anderen Unwissenden zu bilden. Die Ausgeschlossenen aus der Welt der Intelligenz unterschreiben selbst das Urteil ihres Ausschlusses. Kurz, der Zirkel der Emanzipation muss *begonnen* werden.

Darin besteht das Paradox. Denn, wenn man ein wenig überlegt, ist die „Methode“, die er anbietet, die älteste von allen und wird jeden Tag bestätigt, in allen Situationen, in denen ein Individuum es nötig hat, sich eine Kenntnis anzueignen, die es sich nicht erklären lassen kann. Es gibt keinen Menschen auf Erden, der nicht etwas durch sich selbst und ohne erklärenden Lehrmeister gelernt hätte. Nennen wir diese Lernart „universellen Unterricht“ und wir werden behaupten können: „Der universelle Unterricht existiert tatsächlich seit Anbeginn der Welt neben allen erklärenden Methoden. Dieser Unterricht durch sich selbst hat alle großen Männer gebildet.“ Aber nun das Sonderbare: „Jeder große Mann hat tausend Mal in seinem

Leben diese Erfahrung gemacht, dennoch ist noch nie jemand auf die Idee gekommen, zu einem anderen zu sagen: Ich habe viel ohne Erklärung gelernt, ich glaube, dass Sie es wie ich machen können (…) Weder ich noch irgendjemand anderer auf der Welt ist auf die Idee gekommen, davon Gebrauch zu machen, um die anderen zu unterrichten."[3] Es würde genügen, der Intelligenz, die in jedem Einzelnen schläft, zu sagen: *Age quod agis*, fahre fort damit, zu tun, was du tust, „erfasse die Tatsache, imitiere ihn, erkenne dich selbst, das ist der Lauf der Natur."[4] Wiederhole methodisch die Methode des Zufalls, die dir das Maß deiner Macht gegeben hat. Dieselbe Intelligenz ist am Werk in allen Akten des menschlichen Geistes.

Aber darin besteht der schwierigste Schritt. Alle praktizieren diese Methode, wenn es nötig ist, aber niemand will sie anerkennen, niemand will sich der intellektuellen Revolution, die sie bedeutet, stellen. Der gesellschaftliche Zirkel, die Ordnung der Dinge, verbietet ihr, als das erkannt zu werden, was sie ist: die wahre Methode, durch die jeder lernt und durch die jeder seine Fähigkeit erproben kann. Man muss wagen, sie anzuerkennen und die *offene* Verifizierung ihrer Macht zu verfolgen. Andernfalls wird die Methode der Unfähigkeit, die Alte, solange dauern wie die Ordnung der Dinge.

Wer wollte beginnen? Es gab wohl zu dieser Zeit alle möglichen Männer guten Willens, die sich um die Unterweisung des Volkes sorgten: Männer der Ordnung wollten das Volk über seine brutalen Begierden erheben; Männer der Revolution wollten es zum Bewusstsein seiner Rechte führen; Männer des Fortschritts wünschten, durch die Bildung den Graben zwischen den Klassen einzuebnen; Männer der Industrie träumten davon, durch sie den besten Intelligenzen des Volkes den Weg zum sozialen Aufstieg zu ebnen. Alle diese guten Absichten begegneten einem Hindernis: Die Männer des Volkes haben wenig Zeit und noch weniger Geld für diese Anschaffung. Also suchte man eine wirtschaftliche Weise, ein Minimum an Bildung zu verbreiten, das man je nach den Umständen für die Verbesserung der arbeitenden Bevölkerung für notwendig und ausreichend erachtete. Unter den Fortschrittlern und Industriellen genoss damals eine Methode hohes Ansehen: der gegenseitige Unterricht. Er erlaubte es, in einem großen Raum eine große Anzahl von Schülern zu versammeln, die in Gruppen unterteilt und von den am weitesten Fortgeschrittenen unter ihnen, die in den Rang der Ausbilder aufgestiegen waren, geleitet wurden. So wirkte die Leitung und die Lektion des Lehrmeisters über das Netzwerk der Ausbilder auf die ganze zu bildende Bevölkerung. Der Anblick gefiel den Freunden des Fortschritts: So verbreitet sich das Wissen von den Spitzen zu den bescheideneren Intelligenzen. Das Glück und die Freiheit folgen ihrerseits nach.

Diese Art von Fortschritt roch für Jacotot nach Zaumzeug. *Perfektionierte Dressurschule*, sagte er dazu. Er träumte von einer anderen Art gegenseitigen Unterrichts: dass jeder Unwissende sich für einen anderen Unwissenden zum Lehrmeister machen könne, der ihm seine intellektuelle Macht offenbare. Genauer gesagt war die Unterweisung des Volkes nicht das Problem: Man *unterweist* die Rekruten, die man unter seinem Banner rekrutiert, die Untergeordneten, die die Befehle verstehen müssen, das Volk, das man regieren will – in der fortschrittlichen Weise, ohne göttliches Recht versteht sich, und nach der Hierarchie der *Fähigkeiten*. Jacotots Problem war die Emanzipierung: dass jeder Mann des Volkes seine Würde als Mensch, seine intellektuelle Fähigkeit erkennen und über ihre Anwendung entscheiden könne. Die Freunde der Unterweisung versicherten, dass diese die Bedingung der wahren Freiheit sei. Woraufhin sie anerkannten, dass sie dem Volk die Unterweisung schuldeten, und sich darüber stritten, welche sie ihm geben sollten. Jacotot sah nicht, welche Freiheit dem Volk aus der Pflicht seiner Unterweiser erwachsen sollte. Er witterte im Gegenteil in dieser ganzen Angelegenheit eine neue Form der Verdummung. Wer lehrt, ohne zu emanzipieren, verdummt. Und wer emanzipiert, hat sich nicht darum zu kümmern, was der Emanzipierte lernen muss. Er wird lernen, was er will, nichts vielleicht. Er wird wissen, dass er lernen kann, *weil* dieselbe Intelligenz in allen Produktionen der menschlichen Kunstfertigkeit am Werk ist, er wird wissen, dass ein Mensch immer die Rede eines anderen Menschen verstehen kann. Der Drucker von Jacotot hatte einen debilen Sohn. Man verzweifelte daran, mit ihm nichts anfangen zu können. Jacotot brachte ihm Hebräisch bei. Woraufhin das Kind ein exzellenter Lithograph wurde. Hebräisch, das versteht sich von selbst, nützte ihm nie irgendetwas – außer zu wissen, was die höher begabten und gebildeten Intelligenzen noch immer nicht wissen: *Es war nicht Hebräisch.*[5]

Die Dinge waren also klar: Es war keine Methode, um das Volk zu unterweisen, es war eine *Wohltat*, den Armen zu verkünden, dass sie alles konnten, was ein Mensch kann. Es genügte, es zu *verkünden*. Jacotot entschied, sich dem zu widmen. Er proklamierte, dass man das lehren kann, worin man unwissend ist, und dass ein armer und unwissender Familienvater, wenn er emanzipiert ist, die Ausbildung seiner Kinder unternehmen kann, ohne Hilfe eines anderen erklärenden Lehrmeisters. Und er verwies auf die Methode dieses universellen Unterrichts: *etwas zu lernen und darauf den Rest zu beziehen nach diesem Prinzip: Alle Menschen haben die gleiche Intelligenz.*

Man ereiferte sich in Löwen, in Brüssel und in Den Haag; man nahm die Postkutsche von Paris und Lyon; man kam von England und von Preußen, um die Neuigkeit zu hören; man trug sie nach Sankt-Petersburg und nach New Orleans. Gerüchte darüber verbreiteten sich bis nach Rio de Janeiro. Während einiger Jahre entbrannte eine Polemik und die Republik des Wissens wurde in ihren Grundfesten erschüttert.

All das, weil ein kluger Kopf, ein renommierter Gelehrter und tugendhafter Familienvater mangels Niederländischkenntnissen verrückt wurde.

Kapitel II
Die Lektion des Unwissenden

Landen wir also mit Telemach auf der Insel der Calypso. Dringen wir mit einem dieser Besucher in die Höhle des Verrückten ein: in die Lehranstalt der Mademoiselle Marcellis in Löwen; zu Monsieur Deschuyfeleere, einem Schneider, aus dem er einen Latinisten gemacht hat; in die Offiziersausbildungsanstalt von Löwen, wo der Philosophenprinz Friedrich von Oranien den Begründer des universellen Unterrichts damit beauftragt hat, die zukünftigen Militärausbilder auszubilden: „Stellen Sie sich Rekruten vor, die auf den Bänken sitzen und alle zusammen brummen: *Calypso, Calypso konnte* etc. etc.; zwei Monate später konnten sie lesen, schreiben und rechnen (...) Während dieses Grundunterrichts lehrten wir die einen Englisch, die anderen Deutsch, jene das Befestigungswesen, diese die Chemie etc. etc.

– Kann der Gründer das alles?

– Überhaupt nicht, aber wir erklärten es ihm und ich versichere Ihnen, dass er ganz schön von der Grundausbildung profitierte.

– Aber ich durchschaue das nicht ganz, Sie können also alle Chemie?

– Nein, aber wir bringen es uns bei und wir lehrten es ihn. Das ist der universelle Unterricht. Der Schüler macht den Lehrmeister.“[6]

Es gibt eine Ordnung der Verrücktheit, wie von jeder Sache. Fangen wir also mit dem Anfang an: Telemach. *Alles ist in allem*, sagt der Verrückte. Und der öffentliche Spott fügt hinzu: *Und alles ist in Telemach*. Denn *Telemach* ist anscheinend das Buch, mit dem man alles machen kann. Will der Schüler lesen lernen? Möchte er Englisch oder Deutsch lernen, die Kunst des Prozessierens oder die des Kämpfens? Der Verrückte wird ihm unerschütterlich einen

Telemach in die Hand drücken und der Schüler wird beginnen zu wiederholen: *Calypso, Calypso konnte, Calypso konnte nicht* und so weiter, bis er die vorgeschriebenen Bücher des *Telemach* auswendig kennt und die anderen erzählen kann. Von allem, was er lernt – die Form der Buchstaben, der Platz oder die Endungen des Wortes, die Bilder, die Gedankengänge, die Gefühle der Figuren, die Morallektionen –, wird man ihn bitten zu sprechen, zu sagen, *was er sieht, was er denkt, was er damit macht.* Man wird nur eine unabdingbare Bedingung stellen: Von allem, was er sagt, muss er im Buch die Materialität zeigen. Man wird ihn bitten, unter denselben Bedingungen geordnete Aufsätze zu verfertigen und improvisierte Reden zu halten: Er muss die Wörter und die Wendungen des Buches verwenden, um seine Sätze zu bilden; er muss im Buch die Tatsachen zeigen, auf die sich sein Gedankengang bezieht. Kurz, von allem, was er sagt, soll der Lehrmeister die Materialität im Buch verifizieren können.

Die Insel des Buchs

Das Buch. *Telemach* oder ein anderes. Der Zufall hat Jacotot den *Telemach* zur Verfügung gestellt, die Bequemlichkeit hat ihm geraten, bei ihm zu bleiben. *Telemach* ist in viele Sprachen übersetzt und problemlos in den Buchhandlungen erhältlich. Es ist nicht das Meisterwerk der französischen Sprache. Aber der Stil ist rein, der Wortschatz reich, die Moral streng. Man lernt dabei etwas über Mythologie und Geographie. Man hört darin, durch die französische „Übersetzung" hindurch, das Latein von Vergil und das Griechisch von Homer. Kurz, es ist ein klassisches Buch, eines jener Bücher, in dem eine Sprache das Wesentliche ihrer Formen und ihrer Fähigkeiten zeigt. Ein Buch, das ein *Ganzes* ist; ein Zentrum, dem man alles, was man neu lernen wird, hinzufügen kann; ein Kreis, in dem man jedes dieser neuen Dinge *verstehen* kann, die Mittel finden kann zu sagen, was man darin sieht, was man darüber denkt und was man damit macht. Das ist das erste Prinzip des universellen Unterrichts:

Man muss etwas lernen und darauf den ganzen Rest beziehen. Und zuerst muss man *etwas* lernen. Würde der gesunde Hausverstand dasselbe sagen? Der gesunde Hausverstand vielleicht, aber die Alte sagt: Man muss *diese Sache* lernen und dann das und noch dieses andere. Auswahl, Fortschreiten, Unvollständigkeit, das sind ihre Prinzipien. Man lernt ein paar Regeln und einige Elemente, man wendet sie beim Lesen von ein paar ausgewählten Texten an; ein paar Übungen, die den erworbenen Bruchstücken entsprechen. Dann geht man auf ein höheres Niveau über: andere Bruchstücke, anderes Buch, andere Übungen, anderer Professor … Auf jeder Etappe tut sich von neuem der Abgrund der Unwissenheit auf, den der Professor zuschüttet, bevor er einen neuen aufreißt. Die Fragmente fügen sich aneinander, Stücke, die losgelöst sind vom Wissen des Erklärenden, die den Schüler im Schlepptau eines Lehrmeisters spazieren führen, den er nie erreichen wird. Das Buch ist niemals ganz, die Lektion niemals beendet. Denn der Lehrmeister behält immer ein Wissen zurück, das heißt eine Unwissenheit des Schülers. *Das habe ich verstanden*, sagt befriedigt der Schüler. – *Sie glauben es*, verbessert ihn der Lehrmeister. Tatsächlich gibt es hier eine Schwierigkeit, die ich Ihnen vorerst erspart habe. Wir werden sie erklären, wenn wir bei der entsprechenden Lektion sind. *Was bedeutet das?*, fragt der neugierige Schüler. – *Ich könnte es Ihnen sagen*, antwortet der Lehrmeister, aber das wäre voreilig, Sie verstünden es nicht. Man wird es Ihnen nächstes Jahr erklären. Immer wird eine Länge Vorsprung den Lehrmeister vom Schüler trennen, der, um weiterzukommen, immer spüren wird, einen anderen Lehrmeister und zusätzliche Erklärung zu benötigen. So führt der triumphierende Achilles den am Streitwagen angebundenen Leichnam Hektors um Troja. Das geordnete Fortschreiten des Wissens ist eine endlos wiederholte Verstümmelung. „Jeder Mensch, der unterrichtet worden ist, ist nur die Hälfte eines Menschen.“[7]

Fragen wir nicht, ob der belehrte kleine Mann an dieser Verstümmelung leidet. Das Besondere des Systems ist, den Verlust in Profit zu verwandeln. Der kleine Mann *schreitet fort*. Man hat ihn gelehrt, also hat er gelernt, also kann er vergessen. Hinter ihm tut sich von neuem der Abgrund der Unwissenheit auf. Aber hier ist das Wunderbare der Sache: Diese Unwissenheit ist nunmehr die der anderen. Was er vergessen hat, hat er hinter sich gelassen. Er braucht nicht mehr zu buchstabieren und zu stottern wie die schwerfälligen Intelligenzen und die Kleinen in der Kinderklasse. Man ist kein Papagei in seiner Schule. Man belädt nicht sein Gedächtnis, man formt seine Intelligenz. *Ich habe verstanden*, sagt der Kleine, *ich bin kein Papagei*. Je mehr er vergisst, desto mehr wird es ihm offensichtlich, dass er versteht. Je intelligenter er wird, desto mehr kann er von oben herab auf jene blicken, die er überholt hat, die im Vorzimmer des Wissens bleiben, vor dem stummen Buch, die wiederholen, weil sie nicht intelligent genug sind zu *verstehen*. Dies ist der Geniestreich der Erklärenden: Das Wesen, das sie erniedrigt haben, binden sie an sich durch das festeste Band im Land der Verdummung, durch das Bewusstsein seiner Überlegenheit.

Dieses Bewusstsein tötet übrigens nicht die noblen Gefühle. Der unterrichtete kleine Mann wird vielleicht gerührt sein von der Unwissenheit des Volkes und wird an dessen Bildung mitarbeiten wollen. Er wird wissen, dass die Sache schwierig ist mit Hirnen, die die Routine verhärtet oder die der Mangel an Methode vom rechten Weg abgebracht hat. Aber wenn er sich der Sache hingibt, wird er wissen, dass es für jede Kategorie in der Hierarchie der Intelligenzen einen Typus der Erklärung gibt, der ihr angepasst ist: Er wird sich *in ihre Reichweite* begeben.

Aber hier beginnt eine neue Geschichte. Der Verrückte – der Gründer, wie ihn seine Sektierer nennen – betritt die Bühne mit seinem *Telemach*, einem Buch, einem *Ding*. *Nimm und lies*, sagt er dem Armen. – *Ich kann nicht lesen*, antwortet der Arme. Wie sollte ich verstehen, was in diesem Buch geschrieben steht? – Wie du bis jetzt jede Sache verstanden hast: Indem du zwei Tatsachen vergleichst. Hier eine Tatsache, die ich dir sagen werde, der erste Satz des Buches: *Calypso konnte nicht die Abfahrt Odysseus' verschmerzen*. Wiederhole: *Calypso, Calypso konnte* … Hier nun eine zweite Tatsache: Die Wörter sind hier geschrieben. Erkennst du nichts? Das erste Wort, das ich dir gesagt habe, ist Calypso, wäre es nicht auch das erste Wort auf dem Blatt? Schau es genau an, bis du sicher bist, es immer in der Masse anderer Wörter wiederzuerkennen. Dafür musst du mir alles *sagen*, was du hier siehst. Es gibt hier Zeichen, die eine Hand auf dem Papier gezeichnet hat, von denen eine Hand die Bleiletter in der Druckerei zusammengestellt hat. Erzähle mir dieses Wort. Gib mir die „Erzählung der Abenteuer, das heißt das Kommen und Gehen, die Umwege, in einem Wort die Züge der Feder, die dieses Wort auf Papier geschrieben hat, oder der Nadel, die auf dem Kupfer geritzt hat."[8] Erkennst du darin den Buchstaben O, den einer meiner Schüler – Schlosser seines Standes – *die Runde* nennt, den Buchstaben L, den er *das Winkelmaß* nennt? Erzähle mir die Form jedes Buchstabens, wie du die Formen eines unbekannten Objekts oder Ortes beschreiben würdest. Sag nicht, dass du es nicht kannst. Du kannst sehen, du kannst sprechen, du kannst zeigen, du kannst dich erinnern. Was braucht man mehr? Eine absolute Aufmerksamkeit des Sehens und Wiederhinsehens, das Sagens und Wiedersagens. Versuche nicht, mich zu täuschen und dich zu täuschen. Ist das wirklich das, was du gesehen hast? *Was denkst du darüber?* Bist du kein denkendes Wesen? Oder denkst du, Körper zu sein? „Der Gründer Sganarelle hat das alles geändert (...) Du hast eine Seele wie ich."[9]

Es wird danach Zeit sein, über das zu sprechen, wovon das Buch spricht: Was denkst du über Calypso, über ihren Schmerz, über eine Göttin, über einen ewigen Frühling? Zeige mir, was dich dazu bringt zu sagen, was du sagst.

Das Buch, das ist die blockierte Flucht. Man weiß nicht, welchen Weg der Schüler einschlagen wird. Aber man weiß, wem er nicht entkommen wird – der Ausübung seiner Freiheit. Man weiß auch, dass der Lehrmeister nicht das Recht haben wird, sich anderswo aufzuhalten als an der Tür. Der Schüler muss alles von sich aus sehen, ohne Unterlass vergleichen und immer auf die dreifache Frage antworten: Was siehst du? Was denkst du darüber? Was machst du damit? Und derart unendlich weiter.

Aber dieses Endlose ist nicht mehr das Geheimnis des Lehrmeisters, es ist das Fortschreiten des Schülers. Das Buch ist abgeschlossen.

Es ist ein Ganzes, das der Schüler in der Hand hält, das er vollends überblicken kann. Es gibt nichts, was der Lehrmeister ihm wegnehmen kann, und nichts, was er dem Blick des Lehrmeisters entziehen kann. Der Zirkel verbannt das Schummeln. Und zuallererst diesen großen Betrug der Unfähigkeit: *Ich kann nicht, ich verstehe nicht* ... Es gibt nichts zu verstehen. Alles ist im Buch. Man braucht nur zu erzählen – die Form jedes Zeichens, die Abenteuer jedes Satzes, die Lehre jedes Buches. Man muss anfangen zu sprechen. Sag nicht, dass du nicht kannst. Du kannst sagen *ich kann nicht*. Sag statt dessen *Calypso konnte nicht* ... und es geht los. Du bist auf der Straße, die du bereits kennst und der du nunmehr ohne Abschweifung folgen musst. Sag nicht: *Ich kann es nicht*. Oder aber lerne es in der Weise der Calypso zu sagen, oder jener des Telemach, des Narbal oder der Idomenea. Der andere Zirkel ist begonnen, derjenige der Fähigkeit. Du wirst nicht aufhören, Weisen zu finden, *ich kann nicht* zu sagen, und bald wirst du alles sagen können.

Reise in einem Kreis. Man versteht, warum die Abenteuer von Odysseus' Sohn ihr Lehrbuch und Calypso das erste Wort ist. Calypso, *die Versteckte*. Man muss aber gerade entdecken, dass es nichts Verstecktes gibt, keine Wörter hinter den Wörtern, keine Sprache, die die Wahrheit der Sprache sagen würde. Man lernt Zeichen und wieder Zeichen, Sätze und wieder Sätze. Man wiederholt Sätze, *so wie sie sind*. Man lernt ganze Bücher auswendig. Und die Alte empört sich: Das heißt bei euch also *etwas lernen*! Zuerst wiederholen eure Kinder wie die Papageie. Sie kultivieren eine einzige Fähigkeit, das Gedächtnis, während wir die Intelligenz, den Geschmack und die Einbildungskraft üben. Eure Kinder lernen *auswendig*. Das ist euer erster Fehler. Und dies der zweite: Eure Kinder *lernen* nicht auswendig. Ihr sagt, dass es so ist, aber das ist unmöglich. Die menschlichen Gehirne im Allgemeinen und die kindlichen im Besonderen sind unfähig zu so einer Gedächtnisleistung.

Leierkastenargument. Rede eines Zirkels an einen anderen Zirkel. Man muss die Aussagen umdrehen. Die Alte sagt, dass das kindliche Gedächtnis zu solchen Leistungen nicht fähig ist, weil die Unfähigkeit im Allgemeinen ihr Losungswort ist. Sie sagt, dass das Gedächtnis etwas anderes ist als die Intelligenz oder die Einbildungskraft, weil sie von der Waffe Gebrauch macht, die denen gemein ist, die über die Unfähigkeit herrschen wollen: die Teilung. Sie hält das Gedächtnis für schwach, weil sie nicht an die Macht der menschlichen Intelligenz glaubt. Sie glaubt sie niedriger, weil sie an Niedrige und Höhere glaubt. Ihr doppeltes Argument ist im Grunde jenes: Es gibt Niedrigere und Höhere; die Niedrigeren können nicht, was die Höheren können.

Die Alte kennt nur das. Sie braucht das Ungleiche, aber nicht jenes Ungleiche, das sich von selbst versteht, das Eulen nach Athen trägt, das in allen Köpfen und in allen Sätzen ist. Dafür hat sie ihre sanfte Waffe, den Unterschied: *Das ist nicht dasselbe, von diesem zu jenem ist es weit, das man kann nicht vergleichen* …, das Gedächtnis ist nicht die Intelligenz; Wiederholen ist nicht Wissen; Vergleichen ist nicht Vernunft; es gibt den Grund und die Form … Jedes Mehl eignet sich für das Mahlen in den Mühlen der Unterscheidung. Das Argument kann sich auch modernisieren, zum Wissenschaftlichen und zum Humanitären neigen: Es gibt Stadien der Entwicklung der Intelligenz; die kindliche Intelligenz ist nicht die Intelligenz eines Erwachsenen; man darf nicht die Intelligenz des Kindes zu sehr belasten, man riskiert damit, die Gesundheit und das Erblühen seiner Fähigkeiten zu gefährden … Alles, was die Alte verlangt, ist, ihr ihre Verneinungen und Unterschiede zuzugestehen: Das ist es nicht, das ist anders, das ist mehr, das ist weniger. Und das reicht, um alle Throne der Hierarchie der Intelligenzen aufzurichten.

Calypso und der Schlosser

Lassen wir sie reden. Besehen wir die Fakten. Es gibt einen Willen, der befiehlt, und eine Intelligenz, die gehorcht. Nennen wir *Aufmerksamkeit* den Akt, der diese Intelligenz unter dem absoluten Zwang eines Willens schreiten lässt. Dieser Akt ist stets derselbe, ob er nun angewandt wird auf die Erkennung der Form eines Buchstabens, auf das Merken eines Satzes, auf das Finden eines Verhältnisses zwischen zwei mathematischen Wesen oder auf das Zusammenstellen der Elemente einer Rede. Es gibt nicht ein Aufzeichnungsvermögen und eine andere Kraft, die versteht, eine andere, die urteilt … Der Schlosser, der das O die Runde nennt und das L das Winkelmaß, denkt bereits in Verhältnissen. Und *erfinden* ist nicht von einer anderen Ordnung als *sich erinnern*. Lassen wir die Erklärenden den „Geschmack" und die „Einbildungskraft" der kleinen Herren „bilden", lassen wir sie über das „Genie" der Schöpfer Abhandlungen schreiben. Wir werden uns begnügen, es so zu *machen* wie die Schöpferischen: wie Racine, der Euripides auswendig lernte, übersetzte, wiederholte und imitierte, Bossuet, der dasselbe mit Tertullian machte, Rousseau mit Amyot, Boileau mit Horaz und Juvenal; wie Demosthenes, der acht Mal Thukydides *kopierte*, Hooft, der zweiundfünfzig Mal Tacitus las, Seneca, der die immer wieder erneuerte Lektüre desselben Buches empfiehlt, Haydn, der unablässig sechs Sonaten von Bach übt, Michelangelo, der damit beschäftigt war, immer wieder von neuem denselben Torso zu machen[10] … Die Fähigkeit lässt sich nicht teilen. Es gibt nur eine Kraft, diejenige, zu sehen und zu sagen, aufmerksam zu sein darauf, was man sieht und was man sagt. Man lernt Sätze und wieder Sätze; man entdeckt Fakten, das heißt Verhältnisse zwischen den Dingen und wieder andere Verhältnisse, die alle von derselben Natur sind; man lernt, die Buchstaben, die Wörter, die Sätze, die Ideen zu kombinieren. Man wird nicht sagen, dass man die Wissenschaft erworben hat, dass man die Wahrheit kennt oder dass man ein Genie geworden ist. Aber man wird wissen, dass man auf intellektuellem Gebiet alles kann, was ein Mensch kann.

Das bedeutet *Alles ist in allem*: die Tautologie der Fähigkeit. Die ganze Macht der Sprache ist im Ganzen eines Buches. Die ganze Selbstkenntnis der Intelligenz liegt in der Beherrschung eines Buches, eines Kapitels, eines Satzes, eines Wortes. *Alles ist in allem, und alles ist in Telemach*, lachen die Spötter und treffen die Anhänger unvorbereitet: Ist auch alles im ersten Buch des *Telemach*? Und in seinem ersten Wort? Die Mathematik, ist sie im *Telemach*? Und im ersten Wort des *Telemach*? Und der Schüler fühlt, wie ihm der

Boden unter den Füßen weggezogen wird, und er ruft den Meister um Hilfe: Was soll man antworten?

„Man müsste antworten, dass ihr glaubt, dass alle menschlichen Werke im Wort *Calypso* sind, da dieses Wort ein Werk der menschlichen Intelligenz ist. Derjenige, der die Bruchrechnungen gemacht hat, ist dasselbe intellektuelle Wesen, wie jener, der das Wort *Calypso* gemacht hat. Dieser Künstler konnte Griechisch; er hat ein Wort gewählt, das *listig, versteckt* bedeutet. Dieser Künstler ähnelt jenem, der die Werkzeuge zum Schreiben des Wortes, um das es geht, erdacht hat. Er ähnelt jenem, der das Papier gemacht hat, auf dem man schreibt, jenem, der die Federn zu diesem Gebrauch macht, jenem, der sie mit einem Taschenmesser schneidet, jenem, der das Messer mit Eisen gemacht hat, jenem, der dem Menschen das Eisen verschafft, jenem, der die Tinte gemacht hat, jenem, der das Wort *Calypso* gedruckt hat, jenem, der die Druckermaschine gemacht hat, jenem, der die Wirkungen dieser Maschine erklärt, jenem, der die Druckerschwärze gemacht hat etc. ... Alle Wissenschaften, alle Kunstfertigkeiten, die Anatomie und die Dynamik etc., sind die Früchte derselben Intelligenz, die auch das Wort *Calypso* gemacht hat. Ein Philosoph, der ein unbekanntes Land betrat, erriet, dass es bewohnt war, als er eine geometrische Figur im Sand sah. ‚Seht die Schritte eines Menschen', sagt er. Seine Kameraden glaubten ihn irre, weil die Linien, die er ihnen zeigte, nicht einem Schritt ähnelten. Die Gelehrten des fortgeschrittenen 19. Jahrhunderts machen große blöde Augen, wenn man ihnen das Wort *Calypso* zeigt und sagt: ‚Da ist der Finger des Menschen.' Ich wette, dass der aus Frankreich kommende Gesandte der Normalschule, wenn er das Wort *Calypso* sieht, sagen wird: ‚Es hilft nichts, das hat nicht die Form eines Fingers.' *Alles ist in allem.*“[11]

Alles, was *in* Calypso steckt, ist das: die Macht der Intelligenz, die in jeder menschlichen Erscheinung ist. Dieselbe Intelligenz macht die Namen und macht die mathematischen Zeichen. Dieselbe Intelligenz macht die Zeichen und macht die Gedankengänge. Es gibt nicht zwei Arten des Verstandes. Es gibt Ungleichheit in den *Erscheinungen* der Intelligenz, je nach der größeren oder kleineren Energie, die der Wille der Intelligenz überträgt, um neue Beziehungen zu entdecken und zu kombinieren, aber es gibt keine Stufenordnung *intellektueller Fähigkeit*. Die Bewusstwerdung dieser *Wesens*gleichheit wird Emanzipation genannt und sie ebnet die Bahn für jedes Abenteuer im Land des Wissens. Denn es handelt sich darum, es zu wagen, Abenteuer zu bestreiten, und nicht darum, mehr oder weniger gut oder mehr oder weniger schnell zu lernen. Die „Methode Jacotot" ist nicht besser, sie ist anders. Deshalb sind die verwendeten Methoden nicht an sich wichtig. Es ist *Telemach*, es könnte irgendetwas anderes sein. Man beginnt mit dem Text und nicht mit der Grammatik, mit den Worten und nicht mit den Silben. Es ist nicht so, dass man so lernen *müsste*, um besser zu lernen, und dass die Methode Jacotot der Ahnherr der globalen Methode wäre. Tatsächlich kommt man schneller voran, wenn man mit *Calypso* beginnt als mit *A B C*. Aber diese gewonnene Geschwindigkeit ist nur ein Effekt der erlangten Macht, eine Konsequenz des emanzipatorischen Prinzips. „Die alte Methode lässt bei den Buchstaben beginnen, weil sie die Schüler nach dem Prinzip der intellektuellen Ungleichheit und vor allem nach der intellektuellen Minderwertigkeit der Kinder führt. Sie glaubt, dass die Buchstaben leichter zu unterscheiden sind als die Wörter; das ist ein Irrtum, aber schließlich glaubt sie es. Sie glaubt, dass eine kindliche Intelligenz nur fähig ist, C, A, CA zu lernen und dass man eine erwachsene, das heißt höhere Intelligenz braucht, um Calypso zu lernen."[12] Kurz, das A B C ist wie *Calypso* ein Banner: *Unfähigkeit* gegen *Fähigkeit*. Buchstabieren ist eher ein Bußakt als es ein Mittel des Lernens. Deshalb könnte man die Ordnung der Methoden ändern, ohne irgendetwas am Gegensatz zwischen den Prinzipien zu ändern. „Die Alte wird sich vielleicht eines Tages daran machen, Wörter lesen zu lassen, und dann werden wir unsere Schüler vielleicht buchstabieren lassen. Denn was würde aus diesem offenbaren Gangwechsel resultieren? Nichts. Unsere Schüler wären nicht weniger emanzipiert und die Kinder der Alten nicht weniger verdummt (…) Die Alte verdummt ihre Schüler nicht, weil sie sie buchstabieren lässt, sondern indem sie ihnen sagt, dass sie nicht alleine buchstabieren können; sie würde sie also nicht emanzipieren, sondern verdummen, wenn sie sie die Wörter lesen ließe, denn sie wird große Sorgfalt darauf verwenden, ihnen zu sagen, dass ihre junge Intelligenz nicht um die Erklärungen umhin kann, die sie ihrem alten Hirn entnimmt. Es ist also nicht die Vorgangsweise, die Ganggeschwindigkeit, die Art, die emanzipiert oder verdummt, es ist das Prinzip. Das Prinzip der Ungleichheit, das alte Prinzip, verdummt, was man auch anstellen mag; das Prinzip der Gleichheit, das Prinzip Jacotot emanzipiert, was auch immer die Vorgangsweise, das Buch, das Faktum ist, wobei es angewandt wird."[13]

Es geht darum, eine Intelligenz sich selbst entdecken zu lassen. Jede *Sache* kann dazu dienen. Es ist *Telemach*; es kann ein Gebet oder ein Lied sein, das das Kind oder der Unwissende auswendig kann. Es gibt immer etwas, was der Unwissende weiß, und was als Term eines Vergleiches dienen kann, zu dem es möglich ist, eine neu zu erkennende Sache in Beziehung zu setzen. Es bezeugt dies der Schlosser, der große Augen macht, als man ihm sagt, dass er lesen kann. Er kennt *nicht einmal* die Buchstaben. Mache er sich doch die Mühe, einen Blick auf den Kalender zu werfen. Kennt er nicht die Reihenfolge der Monate und kann er nicht so Januar, Februar, März etc. *erraten*. Er kann ein wenig zählen. Und wer hindert ihn daran, langsam zu zählen, indem er den Linien folgt, um geschrieben zu erkennen, was er weiß? Er weiß, dass er Guillaume heißt und dass sein Namenstag der 16. Januar ist. Er wird wohl das Wort finden. Er weiß, dass der Februar nur 28 Tage hat. Er sieht, dass eine Spalte kürzer ist als die anderen, und er wird „28" daran erkennen. Und so weiter. Es gibt immer etwas, was der Lehrmeister ihm auftragen kann wiederzufinden, worüber er ihn befragen und woran er die Arbeit seiner Intelligenz verifizieren kann.

Der Lehrmeister und Sokrates

Tatsächlich sind die zwei grundlegenden Akte des Lehrmeisters diese: Er *befragt*, er verlangt eine Rede, das heißt die Bekundung einer Intelligenz, die sich verkannte oder sich vernachlässigte. Er verifiziert, dass die Arbeit dieser Intelligenz sich mit *Aufmerksamkeit* vollzieht, dass diese Rede nicht *irgendetwas* sagt, um sich dem Zwang zu entziehen. Wird man behaupten, dass es dafür eines sehr behenden und gelehrten Lehrmeisters bedarf? Im Gegenteil, das Wissen des Lehrmeisters erschwert es ihm, die Methode nicht zu *verderben*. Er kennt die Antwort und seine Fragen führen natürlich den Schüler dahin. Das ist das Geheimnis der *guten* Lehrmeister: Durch ihre Fragen leiten sie insgeheim die Intelligenz des Schülers – ausreichend diskret, um sie arbeiten zu lassen, jedoch nicht bis zu dem Punkt, wo sie sich selbst überlassen sind. In jedem Erklärenden schlummert ein Sokrates. Und man muss erkennen, worin die Methode Jacotot – das heißt die Methode des Schülers – sich radikal von der Methode des sokratischen Lehrmeisters unterscheidet. Sokrates führt durch seine Befragungen den Sklaven Menon dazu, die mathematischen Wahrheiten, die in ihm sind, zu erkennen. Es ist das vielleicht der Weg zu einem Wissen, aber keineswegs derjenige einer Emanzipation. Im Gegenteil, Sokrates muss den Sklaven bei der Hand nehmen, damit dieser finden kann, was in ihm selbst steckt. Die Demonstration seines Wissen ist genauso die seiner Unfähigkeit: Er wird niemals selbst gehen und übrigens verlangt auch niemand von ihm zu gehen, außer dafür, die Lektion des Lehrmeisters zu illustrieren. Sokrates befragt einen Sklaven, der dazu bestimmt ist, ein solcher zu bleiben.

Der Sokratismus ist somit eine perfektionierte Form der Verdummung. Wie jeder wissende Lehrmeister befragt Sokrates, um zu belehren. Bloß, wer einen Menschen emanzipieren will, muss ihn befragen in der Weise der Menschen und nicht in der der Wissenden, nämlich um belehrt zu werden und nicht, um zu belehren. Und das wird genau einzig derjenige machen, der tatsächlich nicht mehr weiß als der Schüler, derjenige, der nicht vor ihm die Reise schon gemacht hat: der unwissende Lehrmeister. Dieser wird nicht Gefahr laufen, dem Kind die Zeit zu ersparen, die es braucht, um das Wort *Calypso* zu begreifen. Aber, so wird man sagen, was geht es Calypso an, und wie überhaupt wird es davon reden hören? Lassen wir vorerst Calypso. Aber welches Kind hat nicht vom *Vater Unser* gehört, kann nicht ein Gebet auswendig? In diesem Fall ist die Sache gefunden und der arme und unwissende Familienvater, der seinem Sohn lesen beibringen will, wird nicht in Verlegenheit geraten. Er wird wohl in der Nachbarschaft irgendeine freundliche Person finden, die gebildet genug ist, ihm dieses Gebet aufzuschreiben. Damit kann der Vater oder die Mutter die Bildung des Kindes beginnen, indem er oder sie es fragt, wo das *Vater* sei. „Wenn das Kind aufmerksam ist, wird es sagen, dass das erste Wort, das auf dem Papier ist, *Vater* sein muss, da es das erste im Satz ist. *Unser* wird notwendigerweise das zweite Wort sein; das Kind wird diese zwei Wörter vergleichen, unterscheiden, kennen, und sie überall wiedererkennen können."[14] Welcher Vater oder welche Mutter könnte nicht das Kind fragen, was es sieht, was es damit macht oder was es dazu sagt, was es davon denkt, was es gesagt oder gemacht hat? In derselben Weise würde er oder sie einen Nachbarn über das Werkzeug, das der in der Hand hat, und über den Gebrauch, den er davon macht, befragen. Lehren, worin man unwissend ist, bedeutet ganz einfach Fragen stellen dazu, worin man unwissend ist. Man braucht kein Wissen, um derartige Fragen zu stellen. Der Unwissende kann alles fragen, und nur seine Fragen werden für den Reisenden im Land der Zeichen wahrhafte Fragen sein, die zur autonomen Ausübung seiner Intelligenz zwingen.

Gut, wird der Widersprechende sagen, aber was die Kraft des Fragenden ausmacht, ist auch die Inkompetenz des Verifizierenden. Wie soll er wissen, ob der Schüler nicht auf Abwege gelangt? Der Vater oder die Mutter kann immer vom Kind verlangen: Zeige mir *Vater* oder *Himmel*! Aber wie können sie verifizieren, dass das Kind auch das verlangte Wort zeigt? Die Schwierigkeit wird nur steigen können, je weiter das Kind in seinem Lernen fortschreitet – wenn es fortschreitet. Spielen unwissende Lehrmeister und der unwissende Schüler also nicht die Fabel vom Blinden, der den Gelähmten führt?

Fangen wir damit an, den Widersprechenden zu beruhigen: Man wird nicht aus dem Unwissenden den Besitzer einer angeborenen Wissenschaft machen, schon gar nicht einer Wissenschaft des Volkes, die der Wissenschaft der Gelehrten gegenübertreten würde. Man muss wissend sein, um die Resultate der Arbeit zu beurteilen, um das Wissen des Schülers zu bestätigen. Der Unwissende hingegen wird gleichzeitig *weniger* und *mehr* machen. Er wird nicht verifizieren, was der Schüler gefunden hat, sondern er wird bestätigen, dass er gesucht hat. Er wird beurteilen, ob er aufmerksam war. Folglich genügt es, Mensch zu sein, um die geleistete Arbeit zu beurteilen. So wie der Philosoph, der die Menschenschritte in den Linien auf dem Sand „wiedererkennt", kann die Mutter „in den Augen, in allen Zügen ihres Kindes, wenn es irgendeine Arbeit vollbringt, wenn es die Wörter eines Satzes zeigt", sehen, „ob es aufmerksam ist bei dem, was es macht."[15] Was der unwissende Lehrmeister von seinem Schüler verlangen muss, ist zu beweisen, dass er mit Aufmerksamkeit studiert hat. Ist das wenig? Dann seht, welch unendliche Aufgabe diese Anforderung für den Schüler mit sich bringt. Seht auch die Intelligenz, die sie dem unwissenden Prüfer verleihen kann: „Wer hindert diese *unwissende*, aber *emanzipierte* Mutter, jedes Mal, wenn sie fragt, wo *Vater* ist, zu bemerken, ob das Kind immer auf dasselbe Wort zeigt; was steht dem entgegen, dass sie dieses Wort verdeckt und fragt: Welches ist das Wort, das unter meinem Finger ist? Etc. etc."[16]

Frommes Bild, Hausfrauenrezept ... So hat der offizielle Sprecher des Stammes der Erklärenden darüber geurteilt: „*Man kann lehren, worin man unwissend ist*, ist noch so eine Haushaltsmaxime."[17] Man wird darauf antworten, dass die „mütterliche Intuition" hier keinerlei häusliches Privileg ausübt. Der Finger, der das Wort *Vater* verdeckt, ist derselbe, der *in* Calypso, der Versteckten oder Listigen, ist: das Zeichen der menschlichen Intelligenz, die elementarste List der Vernunft – die wahrhaftige, die jedem Einzelnen eigen ist und allen gemein, diese Vernunft, die sich exemplarisch dort zeigt, wo das

Wissen des Unwissenden und die Unwissenheit des Lehrmeisters, indem sie gleich werden, die Stärken der intellektuellen Gleichheit demonstrieren. „Der Mensch ist ein Tier, das sehr genau erkennt, wenn derjenige, der spricht, nicht weiß, was er sagt … Diese Fähigkeit ist das Band, das die Menschen verbindet.“[18] Die Praxis des unwissenden Lehrmeisters ist nicht der einfache Notbehelf des Armen, der weder Zeit noch Geld noch Wissen für die Bildung seiner Kinder hat. Sie ist die äußerst wichtige Erfahrung, die die reinen Mächte der Vernunft dort befreit, wo die Wissenschaft ihr keine Hilfe mehr leistet. Was ein Unwissender einmal kann, können alle Unwissenden immer. Denn es gibt keine Hierarchie in der Unwissenheit. Und was die Unwissenden und die Wissenden gleichermaßen können, das ist das, was man die Macht des intelligenten Wesens als solches bezeichnen kann.

Macht der Gleichheit, die zugleich Macht der Zweiheit und der Gemeinschaft ist. Es gibt keine Intelligenz dort, wo es Anhäufung gibt, *Aneinanderbinden* von Verstand an Verstand. Es gibt Intelligenz da, wo jeder Einzelne handelt, erzählt, was er macht, und die Mittel bereitstellt, zu verifizieren, dass etwas geleistet wurde. Die zwischen zwei Intelligenzen platzierte gemeinsame Sache ist das Pfand dieser Gleichheit, und dies in zweierlei Hinsicht. Eine materielle Sache ist zuerst „die einzige Brücke der Kommunikation zwischen zwei Geistern“.[19] Die Brücke ist Übergang, aber auch bewahrte Distanz. Die Materialität des Buches hält zwei Geister auf gleiche Distanz, während die Erklärung die Vernichtung der einen durch die andere ist. Aber die Sache ist auch eine immer verfügbare Instanz der materiellen Verifizierung. Die Kunst des unwissenden Prüfers besteht darin, „den Geprüften auf materielle Objekte, auf in einem Buch geschriebene Sätze und Wörter zurückzuverweisen, auf eine *Sache*, die er mit seinen Sinnen verifizieren kann“.[20] Der Geprüfte ist immer einer Verifizierung am offenen Buch, an der Materialität jedes Wortes, der Kurve jedes Zeichens verpflichtet. Die Sache, das Buch, verbannt zugleich den Betrug der Unfähigkeit als auch des Wissens. Deshalb wird der unwissende Lehrmeister bei Gelegenheit seine Kompetenz dahin erweitern, nicht das Wissen des kleinen belehrten Herrn zu verifizieren, sondern die Aufmerksamkeit, die er dafür aufbringt, was er sagt und tut. „Sie können dadurch sogar einem Nachbarn, der sich, durch Umstände, die von seinem Willen unabhängig sind, gezwungen sieht, seinen Sohn ins Gymnasium zu schicken, einen Dienst erweisen. Wenn der Nachbar Sie bittet, das Wissen des kleinen Gymnasiasten zu prüfen, werden Sie keineswegs wegen dieses Hilfegesuchs in Verlegenheit geraten, obwohl Sie nicht studiert haben. Was lernen Sie, mein kleiner Freund?, werden Sie das Kind fragen. – Griechisch. – Was? – Hesiop. – Was? – Die Fabeln. – Welche kennen Sie? – Die erste. – Wo ist das erste Wort? – Hier. – Geben Sie mir Ihr Buch. Sagen Sie mir das vierte Wort auf. Schreiben Sie es. Was Sie geschrieben haben, schaut nicht dem vierten Wort des Buches gleich. Nachbar, der Kleine weiß nicht, was er zu wissen behauptet. Das ist ein Beweis, dass es ihm an Aufmerksamkeit gefehlt hat, als er studiert hat oder als er zeigte, was er zu wissen vorgab. Raten Sie ihm zu studieren, ich werde wiederkommen und werde Ihnen sagen, ob er Griechisch lernt, das ich nicht kann, das ich nicht einmal lesen kann."[21]

So kann der unwissende Lehrmeister den Wissenden wie den Unwissenden *bilden*: indem er verifiziert, dass er kontinuierlich sucht. Wer sucht, findet immer. Er findet nicht notwendigerweise das, was er sucht, noch weniger, was er finden *soll*. Aber er findet irgendetwas Neues, das er mit der *Sache* in Beziehung bringt, die er bereits kennt. Das Wesentliche ist die kontinuierliche Wachsamkeit, diese Aufmerksamkeit, die niemals nachlässt, ohne dass sich die Unvernunft einstellt – worin der Wissende sich ebenso wie der Unwissende auszeichnet. Lehrmeister ist derjenige, der den Sucher auf *seinem* Weg bleiben lässt, auf dem er alleine sucht und nicht aufhört zu suchen.

Die Angelegenheit jedes Einzelnen

Man muss aber, um diese Suche zu bestätigen, noch wissen, was suchen bedeutet. Und darin liegt der Kern der Methode. Um den anderen zu emanzipieren, muss man selbst emanzipiert sein. Man muss sich selbst als Reisenden des Geistes verstehen, ähnlich allen anderen Reisenden, als intellektuelles Subjekt, das an der gemeinsamen Fähigkeit der intellektuellen Wesen teilhat.

Wie gelangt man zu dieser Selbstkenntnis? „Ein Bauer, ein Handwerker (Familienvater) wird sich intellektuell emanzipieren, wenn er daran denkt, was er in der gesellschaftlichen Ordnung ist und macht.“[22] Die Sache wird demjenigen einfach und sogar allzu einfach erscheinen, der das Gewicht des alten Gebots verkennt, das die Philosophie durch die Stimme Platons dem Handwerker als Schicksal aufgegeben hat: Kümmere dich um nichts anderes als um *deine eigene Angelegenheit,* welche nicht die ist, irgendetwas zu denken, sondern einfach diese Sache zu *machen*, die die Bestimmung deines Seins erschöpft; wenn du Schuster bist, mach Schuhe und zeuge Kinder, die auch Schuhe machen werden. Nicht dir befiehlt das delphische Orakel, sich selbst zu erkennen. Und selbst wenn die verspielte Gottheit sich damit amüsieren würde, der Seele deines Kindes ein wenig Gold des Denkens beizumengen, liegt es an der güldenen Rasse, an den Wächtern der Stadt, dieses Kind aufzuziehen, um aus ihm einen der ihren zu machen.

Das Zeitalter des Fortschritts hat sicherlich die Starrheit des alten Gebots erschüttern wollen. Mit den Enzyklopädisten wünscht es, dass nichts mehr, selbst das Werk der Handwerker, durch bloße Routine gemacht werde. Und es weiß, dass es keinen gesellschaftlichen Akteur gibt, so unbedeutend er auch sei, der nicht zugleich ein denkendes Wesen ist. Der Bürger Destutt-Tracy hat in der Morgenröte des neuen Jahrhunderts daran erinnert: „Jeder Mensch, der spricht, hat einen Begriff von der Ideenlehre, der Grammatik, der Logik und der Redekunst. Jeder Mensch, der handelt, hat seine Prinzipien in privater und gesellschaftlicher Moral. Jedes Wesen, das bloß vegetiert, hat seine Begriffe von Physik und vom Rechnen; und einfach dadurch, dass er mit seinesgleichen lebt, hat er seine kleine Sammlung historischer Fakten und seine Weise, darüber zu urteilen.“[23]

Unmöglich also, dass die Schuster nur Schuhe machen und dass sie nicht auch, auf ihre Weise, Grammatiker, Moralisten oder

Physiker sind. Und hierin steckt das erste Problem; solange die Handwerker und die Bauern zu ihren Begriffen der Moral, der Mathematik oder der Physik nach der Routine ihrer Umwelt oder durch den Zufall ihrer Begegnungen kommen, wird der geordnete Gang des Fortschritts zweifach durchkreuzt werden: verlangsamt durch die Gewohnheitsmenschen und die Abergläubischen oder gestört durch den Eifer der Gewalttätigen. Es ist daher notwendig, dass ein Minimum an Unterweisung, die den Prinzipien der Vernunft, der Wissenschaft und des allgemeinen Interesses folgt, gesunde Begriffe in die Köpfe bringt, welche andernfalls falsche Begriffe bilden würden. Und es versteht sich von selbst, dass diese Unternehmung umso gewinnträchtiger sein wird, je mehr sie den Sohn des Bauern oder Handwerkers seinem natürlichen Milieu entfremdet, das diese falschen Ideen produziert. Aber diese Evidenz stößt sogleich auf Widerspruch: Das Kind, das der Routine und dem Aberglauben entzogen werden muss, muss dennoch zu seiner Tätigkeit und seinen Verhältnissen zurückkehren. Und das Zeitalter des Fortschritts war sich, von seinem Anbeginn an, über die tödliche Gefahr im Klaren, die besteht, wenn man das Kind des Volkes von den Verhältnissen, denen es zugedacht ist, und von den Ideen, die in diesen Verhältnissen ihren Ursprung haben, trennt. Es ist auch in diesem Widerspruch gefangen: Man weiß jetzt, dass alle Wissenschaften von einfachen Prinzipien abhängen und in Reichweite aller Geister sind, die sich ihrer bemächtigen wollen, vorausgesetzt, sie folgen der richtigen Methode. Aber dieselbe Natur, die sich allen Geistern öffnet, will eine gesellschaftliche Ordnung, in der die Klassen getrennt sind und in der die Individuen sich an den gesellschaftlichen Stand anpassen, der ihnen bestimmt ist.

Die Lösung, die man für diesen Widerspruch gefunden hat, ist die geordnete Ausgewogenheit von Unterweisung und Bildung, die Verteilung der Rollen, die dem Schulmeister und dem Familienvater zufallen. Der eine verjagt durch die Aufklärung der Unterweisung die falschen Ideen, die das Kind von seinem Nährmilieu hat, der andere verjagt durch die Erziehung das extravagante Streben, das der Schüler aus seinem jungen Wissen hervorgehen lassen möchte, und erinnert ihn an die Verhältnisse der Seinen. Der Familienvater, der unfähig ist, aus seiner Routinetätigkeit heraus für die intellektuelle Unterweisung seines Sohnes zu sorgen, ist hingegen mächtig genug, ihn durch Wort und Tat die Tugend zu lehren, die darin besteht, sich in seinen Verhältnissen zu bescheiden. Die Familie ist zugleich der Hort intellektueller Unfähigkeit und ethischer Objektivität. Dieser doppelte Charakter übersetzt sich in eine doppelte Beschränkung des Selbstbewusstseins des Handwerkers: Das Bewusstsein davon, was er *macht*, hängt von einer Wissenschaft ab, die nicht die seine ist; das Bewusstsein davon, was er *ist*, bringt ihn dahin zurück, nichts anderes als seine eigenen Angelegenheiten zu verfolgen.

Einfach ausgedrückt: Die harmonische Ausgewogenheit von Unterweisung und Erziehung ist jene einer doppelten Verdummung. Dem ist die Emanzipation genau entgegengesetzt, die jedem Menschen mögliche Bewusstwerdung seiner Natur als intellektuelles Subjekt, die umgedrehte cartesianische Formel der Gleichheit: „Descartes sagte: *Ich denke, also bin ich*; und dieser schöne Gedanke dieses großen Philosophen ist eines der Prinzipien des universellen Unterrichts. Wir drehen seinen Gedanken um und sagen: *Ich bin Mensch, also denke ich.*" Die Umkehrung schließt das Subjekt *Mensch* in die Gleichheit des *cogito* mit ein. Das Denken ist kein Attribut der denkenden Substanz, es ist ein Attribut der *Menschheit*. Um das „Erkenne dich selbst" in ein Prinzip der Emanzipation jedes menschlichen Wesens umzuwandeln, muss man entgegen dem platonischen Verbot eine der Fantasieetymologien des *Kratylos* ins Spiel bringen: Der Mensch, der *anthropos*, ist das Wesen, das *untersucht, was es sieht*, das sich in dieser Reflexion über seine Tätigkeit erkennt.[24] Die ganze Praxis des universellen Unterrichts lässt sich in der Frage zusammenfassen: *Was denkst du darüber?* All seine Macht liegt im Bewusstsein der Emanzipation, das er beim Lehrmeister aktualisiert und beim Schüler anregt. Der Vater wird seinen Sohn emanzipieren können, wenn er damit beginnt, sich selbst zu erkennen, das heißt die intellektuellen Tätigkeiten, deren Subjekt er ist, zu untersuchen, die Weise, in der er bei diesen Tätigkeiten von seiner Macht als denkendes Wesen Gebrauch macht, zu bemerken.

Das Emanzipationsbewusstsein ist zuerst die Bestandsaufnahme der intellektuellen Kompetenzen des Unwissenden. Er versteht seine Sprache. Er versteht es auch, sie zu benutzen, um gegen seinen Zustand zu protestieren oder um diejenigen zu befragen, die darüber mehr wissen als er oder die glauben, mehr zu wissen. Er kennt seinen Beruf, seine Werkzeuge und ihren Gebrauch: Wenn nötig, wäre er imstande, sie zu perfektionieren. Er muss beginnen, über diese Fähigkeiten und die Weise, in der er sie erworben hat, nachzudenken.

Gehen wir diese Überlegung genau durch. Es handelt sich nicht darum, das Wissen der Hand oder des Volkes, die Intelligenz des Werkzeugs und des Arbeiters der Wissenschaft der Schulen oder der Rhetorik der Eliten gegenüberzustellen. Es geht nicht darum ‚zu fragen, wer das siebentorige Theben erbaut hat, um für die Erbauer und Produzenten einen Platz in der gesellschaftlichen Rangordnung zu fordern. Es handelt sich im Gegenteil darum, zu erkennen, dass es nicht zwei Intelligenzen gibt, dass jedes Werk der menschlichen Kunstfertigkeit ein Praktizieren derselben intellektuellen Anlagen ist. Überall handelt es sich darum, zu beobachten, zu vergleichen, zu kombinieren, zu machen und zu verstehen, wie man es gemacht hat. Überall ist diese Reflexion, diese Rückkehr zu sich selbst möglich, die nicht die reine Kontemplation einer Denksubstanz ist, sondern die unbedingte Aufmerksamkeit auf seine intellektuellen Tätigkeiten, auf den Weg, den sie zurücklegen, und auf die Möglichkeit, auf demselben Weg fortzuschreiten, indem man dieselbe Intelligenz zur Eroberung neuer Gebiete ausschickt. Verdummt bleibt derjenige, der das Werk der Arbeiterhand und des Nährvolkes den Wolken der Rhetorik gegenüberstellt. Die Herstellung von Wolken ist ein Werk der menschlichen Kunstfertigkeit, das ebenso viel – nicht mehr und nicht weniger – Arbeit, intellektuelle Aufmerksamkeit verlangt wie das Fabrizieren von Schuhen und Schlössern. Monsieur Lerminier, Mitglied der Académie française, schreibt eine Abhandlung über die intellektuelle Unfähigkeit des Volkes. Aber ein Verdummter ist weder ein Dummer noch ein Nichtsnutz. Und wir wären unsererseits verdummt, wenn wir nicht in diesen Abhandlungen dieselbe Kunst, dieselbe Intelligenz, dieselbe Arbeit sehen würden wie jene, die das Holz, den Stein oder das Leder formt. Nur in der Anerkennung der *Arbeit* von Monsieur Lerminier können wir die *Intelligenz* anerkennen, die im bescheidensten Werk offenbart wird. „Die armen Dörflerinnen der Umgebung von Grenoble arbeiten, um Handschuhe zu machen; man zahlt ihnen dreißig Sous das Dutzend. Seit sie emanzipiert sind, machen sie sich daran, einen gutgemachten Handschuh anzuschauen, zu studieren und zu verstehen. Sie werden den Sinn aller *Sätze*, aller *Wörter* dieses Handschuhs erraten. Am Ende werden sie ebenso gut sprechen wie die Frauen der Stadt, die sieben Francs das Dutzend verdienen. Es handelt sich nur darum, eine Sprache zu lernen, die man mit der Schere, mit einer Nadel und mit Zwirn spricht. Es geht (in den menschlichen Gesellschaften) immer nur darum, eine Sprache zu verstehen und zu sprechen."[25]

Die materielle Idealität der Sprache weist jeden Gegensatz zwischen einer goldenen Rasse und einer eisernen Rasse, weist jede Hierarchie – und sei sie auch auf den Kopf gestellt – zwischen den Menschen, die zum Handwerk, und jenen, die zur Ausübung des Denkens bestimmt sind, zurück. Jedes Werk der Sprache lässt sich in derselben Weise verstehen und erklären. Deshalb kann der Unwissende, sobald er sich selbst *erkannt* hat, überprüfen, ob sein Sohn im Buch, das er selbst nicht lesen kann, sucht: Er kennt die *Gegenstände* nicht, die er bearbeitet, wenn sein Sohn ihm jedoch sagt, wie er damit verfährt, wird er erkennen, ob er das Suchen bewerkstelligen kann. Denn er weiß, was *suchen* heißt, und er braucht nur eine Sache von seinem Sohn zu verlangen, nämlich seine Worte und Sätze so zu drehen und zu wenden, wie er selbst seine Werkzeuge dreht und wendet, wenn er sucht.

Das Buch – *Telemach* oder ein anderes –, das zwischen zwei Intelligenzen platziert ist, fasst diese ideale Gemeinschaft zusammen, die sich der Materialität der Dinge einschreibt. Das Buch *ist* die Gleichheit der Intelligenzen. Deshalb schrieb dasselbe philosophische Gebot dem Handwerker vor, sich nur um seine Angelegenheit zu kümmern, und verurteilte die Demokratie des Buches. Der platonische Philosoph als König stellte der lebendigen Rede den toten Buchstaben des Buches gegenüber, dem materialisierten Denken, das den Menschen der Materie zur Verfügung steht, der gleichzeitig stummen und nur allzu geschwätzigen Rede, die sich aufs Geratewohl bei denen zeigt, deren Angelegenheit es nicht ist, zu denken. Das Erklärprivileg ist nur der kleinste Gewinn aus diesem Verbot. Und das Privileg, das die „Methode Jacotot" dem Buch, der Handhabung der Zeichen, der Mnemotechnik verleiht, ist die genaue Umkehrung der Hierarchie der Geister, die bei Platon durch die Kritik der Schrift sanktioniert wurde.[26] Das Buch besiegelt das neue Verhältnis zwischen zwei Unwissenden, die sich nunmehr als Intelligenzen wissen. Und dieses neue Verhältnis stößt das verdummende Verhältnis der intellektuellen Unterweisung und der moralischen Erziehung um. Anstelle der disziplinierenden Instanz der Erziehung tritt die der Emanzipation auf, die den Vater oder die Mutter befähigt, für sein/ihr Kind den Platz des unwissenden Lehrmeisters einzunehmen, in dem sich der unbedingte Anspruch des Willens verkörpert. Unbedingter Anspruch: Der emanzipierende Vater ist kein Pädagoge Biedermann, er ist ein unnachgiebiger Lehrmeister. Das emanzipatorische Gebot kennt keine Kompromisse. Es gebietet absolut über ein Subjekt, das es für fähig hält, sich selbst zu befehlen. Der Sohn wird im Buch die Gleichheit der Intelligenzen verifizieren, sofern der Vater oder die Mutter die Radikalität seiner Suche verifiziert. Die Familie ist also nicht mehr der Ort einer Rückkehr, die den Handwerker auf das Bewusstsein seiner Nichtigkeit zurückwirft. Sie ist der Ort eines neuen Bewusstseins, einer Selbstüberschreitung, die die „eigene Angelegenheit" jedes Einzelnen bis zu dem Punkt ausdehnt, wo sie die volle Ausübung der gemeinsamen Vernunft ist.

Der Blinde und sein Hund

Denn es geht doch darum, genau dies zu verifizieren: die prinzipielle Gleichheit der sprechenden Wesen. Indem er den Willen seines Sohnes zwingt, verifiziert der arme Familienvater, dass sein Sohn dieselbe Intelligenz hat, dass er sucht – wie er selbst; und was der Sohn im Buch sucht, ist die Intelligenz desjenigen, der das Buch geschrieben hat, um zu verifizieren, dass die Intelligenz genau so wie die seinige vorgeht. Diese Gegenseitigkeit ist das Herz der emanzipatorischen Methode, das Prinzip einer neuen Philosophie, die der Gründer, indem er zwei griechische Wörter miteinander gekoppelt hat, *Panekastik* genannt hat, weil sie das *Ganze* der menschlichen Intelligenz in *jeder* intellektuellen Erscheinung sucht. Wahrscheinlich hat das dieser Gutsbesitzer nicht recht verstanden, der seinen Gärtner nach Löwen schickte, um ihn zum Ausbilder seines Sohnes machen zu lassen. Man hat keine besonderen pädagogischen Leistungen von einem emanzipierten Gärtner zu erwarten oder überhaupt von einem unwissenden Lehrmeister. Was ein Emanzipierter wesentlich kann, ist, Emanzipierender zu sein: nicht den Schlüssel zum Wissen geben, sondern das Bewusstsein davon, was eine Intelligenz kann, wenn sie sich allen anderen gleich und jede andere als ihr gleich betrachtet.

Die Emanzipation ist das Bewusstsein von dieser Gleichheit, dieser Gegenseitigkeit, die einzig der Intelligenz erlaubt, sich durch Verifizierung zu aktualisieren. Was das Volk verdummt, ist nicht der Mangel an Unterweisung, sondern der Glaube an die Minderwertigkeit seiner Intelligenz. Und was die „Niedrigeren" verdummt, verdummt gleichfalls die „Höheren". Denn nur derjenige bestätigt seine Intelligenz, der zu seinesgleichen spricht, derjenige, der fähig ist, die Gleichheit der zwei Intelligenzen zu verifizieren. Folglich verdammt sich der höhere Geist dazu, nicht von den Niedrigeren gehört zu werden. Er versichert sich seiner Intelligenz nur, um diejenigen abzuwerten und auszuschließen, die ihm die Anerkennung zurückgeben könnten. Seht diesen Gelehrten, der *weiß*, dass der weibliche Verstand minderwertig ist im Vergleich zum männlichen, er bringt sein Dasein hauptsächlich damit zu, mit einem Wesen Konversation zu führen, das ihn nicht verstehen kann: „Welch Intimität! Welch Süße im Liebesgeflüster! In der Ehe! In den Familien! Derjenige, der spricht ist niemals sicher, verstanden zu werden. Er hat Verstand und ein Herz! Einen großen Verstand! Ein so sensibles Herz! Aber der Kadaver, an den die soziale

Kette ihn oder sie gekettet hat! Leider, leider!"[27] Wird man sagen, dass die Bewunderung seiner Schüler und der Außenwelt ihn über dieses häusliche Unglück hinwegtrösten wird? Aber was ist das Urteil eines niedrigeren Verstandes über einen höheren Verstand wert? „Sagen Sie diesem Dichter: Ich war sehr glücklich über Ihr letztes Werk; er wird Ihnen mit gespitzten Lippen antworten: Sie beehren mich *sehr*; das heißt: Mein Teurer, ich kann nicht vom Beifall Ihrer geringen Intelligenz geschmeichelt sein."[28]

Aber dieser Glaube an die intellektuelle Ungleichheit und an die Höherwertigkeit der eigenen Intelligenz ist nicht allein Sache der Gelehrten und der vornehmen Dichter. Seine Kraft schöpft er aus der Tatsache, dass er die ganze Bevölkerung durchzieht, und das gerade durch den Anschein der Bescheidenheit selbst. „Ich kann nicht", erklärt Ihnen dieser Unwissende, den Sie auffordern, sich zu bilden, „ich bin nur ein Arbeiter". Verstehen Sie recht, was es da alles in diesem Syllogismus gibt. Zuerst, „ich kann nicht" bedeutet „ich will nicht; warum sollte ich mich anstrengen?". Was auch heißen soll: Ich könnte wahrscheinlich, denn ich bin intelligent; aber ich bin Arbeiter: Leute wie ich können nicht; mein Nachbar kann nicht. Und was würde es mir nützen, wo ich doch mit Dummköpfen zu tun habe?

So funktioniert der Glaube an die Ungleichheit. Kein höherer Geist, der nicht einen noch höheren fände, um ihn zu erniedrigen; kein niederer Geist, der nicht einen noch niedrigeren fände, um ihn zu verachten. Der Professorentalar von Löwen ist eine geringe Sache in Paris. Und der Handwerker von Paris *weiß*, wie minderwertig im Vergleich zu ihm die Handwerker der Provinz sind, die wiederum wissen, wie rückständig die Bauern sind. An dem Tag, an dem diese denken werden, dass sie wissen, wo es langgeht, und der Talar von Paris einen Hohlkopf verbirgt, wird der Kreis geschlossen sein. Die universelle Höherwertigkeit der Niedrigeren wird sich mit der universellen Niedrigkeit der Höheren vereinigen, um eine Welt zu bilden, wo keine Intelligenz sich in ihresgleichen wiedererkennen kann. Die Vernunft geht dort verloren, wo ein Mensch zu einem anderen Menschen spricht, der ihm nicht antworten kann. „Es gibt kein schöneres, kein lehrreicheres Schauspiel als einen Menschen, der spricht. Aber der Zuhörer muss sich das Recht bewahren, darüber nachzudenken, was er gerade gehört hat, und der Sprecher muss ihn dazu einladen (...) Der Hörer muss also prüfen, ob der Sprecher in diesem Moment Vernunft besitzt, ob er den Weg der Vernunft verlässt oder wieder zur Vernunft kommt. Ohne diese autorisierte Verifizierung, die durch die Gleichheit der Intelligenzen selbst erfordert wird, sehe ich in einem Gespräch nichts anderes als ein Gespräch zwischen einem Blinden und seinem Hund."[29]

Als Antwort auf die Fabel vom Blinden und dem Gelähmten ist der zu seinem Hund sprechende Blinde die Lehrfabel der Welt der ungleichen Intelligenzen. Man sieht, dass es um Philosophie und Menschheit geht, und nicht um Rezepte für Kinderpädagogik. Der universelle Unterricht ist zuallererst die universelle Bestätigung des Gleichen, die alle Emanzipierten, all jene erfahren können, die sich als Menschen verstehen, die allen anderen gleich sind.

Alles ist in allem

Alles ist in allem. Die Tautologie der Fähigkeit ist jene der Gleichheit, diejenige, die den Finger der Intelligenz in jedem Menschenwerk sucht. Das ist der Sinn dieser Übung, die Baptiste Froussard in Staunen versetzte, einen Mann des Fortschritts und Grenobler Schuldirektor, der nach Löwen kam, um die zwei Söhne des Abgeordneten Casimir Perier zu begleiten. Als Mitglied der *Gesellschaft für Unterrichtsmethoden* hatte Baptiste Froussard bereits vom universellen Unterricht gehört und musste in der Klasse von Mademoiselle Marcellis Übungen wiedererkennen, von denen sein Präsident, Monsieur de Lasteyrie, der Gesellschaft erzählt hatte. Er sah also junge Mädchen, die der Gewohnheit gemäß Aufsätze in 15 Minuten verfertigten, die einen über *den letzten Menschen*, die anderen über *die Rückkehr des Exilierten*, und die über diese Themen, wie ihm der Gründer versicherte, Literaturstücke schrieben, „die die schönsten Seiten unserer besten Autoren *nicht verunzieren würden*". Diese Behauptung traf auf die lebhaftesten Vorbehalte der gebildeten Besucher. Aber Monsieur Jacotot hatte ein Mittel gefunden, sie zu überzeugen: Da sie offenbar selbst zu den besten Schriftstellern ihrer Zeit gehörten, hatten sie sich bloß derselben Prüfung zu unterziehen und den Schülerinnen die Möglichkeit zum Vergleich zu geben. Monsieur de Lasteyrie, der das Jahr 1793 erlebt hatte, stellte sich freiwillig für diese Übung zur Verfügung. Nicht so Monsieur Guigniaut, Abgesandter der École normale von Paris, der keinen Finger in *Calypso* gesehen hatte, dafür in einem Aufsatz das unverzeihliche Fehlen eines Zirkumflexes über *croître*. Zur Prüfung eingeladen, war er mit einer Stunde Verspätung erschienen und für den nächsten Tag wiederbestellt worden. Aber er hatte am Nachmittag die Postkutsche nach Paris genommen, in seinem Gepäck als Beweisstück das *i*, das so schändlich um seinen Zirkumflex gebracht worden war.

Nach der Lesung der Aufsätze hatte Baptiste Froussard an den Improvisationsveranstaltungen teilgenommen. Das war ein wesentlicher Bestandteil des universellen Unterrichts: lernen, über jedes Thema zu sprechen, aufs Geratewohl, mit einem Anfang, einer Entwicklung und einem Ende. Lernen zu improvisieren, das hieß zuerst *lernen, sich zu besiegen*, diesen Stolz zu besiegen, der sich als Bescheidenheit tarnt, um seine Unfähigkeit zu erklären, vor dem anderen zu sprechen – das heißt seine Weigerung, sich dessen Urteil zu unterwerfen. Das bedeutete weiters lernen, zu beginnen und zu enden, sich selbst zu einem *Ganzem* zu machen, die Sprache in einen Kreis einzuschließen. So hatten zwei Schülerinnen selbstbewusst über den *Tod des Atheisten* improvisiert, woraufhin Monsieur Jacotot, um diese traurigen Gedanken zu verjagen, eine andere Schülerin bat, über den *Flug einer Fliege* zu improvisieren. Im Saal verbreitete sich Heiterkeit, aber Monsieur Jacotot korrigierte: Es handle sich nicht darum zu lachen, man müsse *sprechen*. Und zu diesem luftigen Thema sagte eine junge Person während achteinhalb Minuten charmante Dinge und zog Vergleiche, die voller Anmut und Frische der Einbildungskraft waren.

Baptiste Froussard nahm auch an einer Musikstunde teil. Monsieur Jacotot bat ihn um Fragmente französischer Dichtung, zu denen die jungen Schülerinnen Melodien mit Begleitung improvisierten, und die sie entzückend interpretierten. Mehrmals noch kam er zu Mademoiselle Marcellis und trug selbst auf, Aufsätze über Moral und Metaphysik zu verfassen, die alle mit bewundernswerter Einfachheit und mit Talent ausgeführt wurden. Aber eine Übung erstaunte ihn am meisten. Eines Tages wandte sich Monsieur Jacotot folgendermaßen an die Schülerinnen: „Meine Damen, Sie wissen, dass in jedem menschlichen Werk Kunst ist; in einer Dampfmaschine wie in einem Kleid; in einem literarischen Werk wie in einem Schuh. Nun, Sie werden mir einen Aufsatz über die Kunst im Allgemeinen verfassen, indem Sie Ihre Wörter, Ihre Ausdrücke, Ihre Gedanken an diese oder jene Passage der Autoren anschließen, die man Ihnen anzeigen wird, um alles rechtfertigen und verifizieren zu können."[30]

Man bringt also Baptiste Froussard verschiedene Werke und er selbst trägt der einen eine Passage der *Athalie* auf, jener ein Kapitel der Grammatik; anderen eine Passage von Bossuet, wieder anderen ein Kapitel der Geographie, die Abteilung über die Arithmetik von Lacroix und so weiter. Er wartete nicht lange auf das Ergebnis dieses sonderbaren Experiments über so wenig vergleichbare Dinge. Nach einer halben Stunde wurde er von einem neuen Erstaunen erfasst, als er die Qualität der Aufsätze, die man vor seinen Augen verfertigt hatte, und der improvisierten Kommentare, die sie rechtfertigten, vernahm. Er bewunderte besonders eine Erklärung der *Kunst* anhand der Passage der *Athalie*, begleitet von einer *Rechtfertigung* oder *Verifizierung*, die seiner Meinung nach der glänzendsten Literaturvorlesung vergleichbar war, die er jemals gehört hatte.

An diesem Tag begriff Baptiste Froussard besser als jemals zuvor, in welchem Sinn man sagen könne, dass *alles in allem ist*. Er wusste bereits, dass Monsieur Jacotot ein erstaunlicher Pädagoge war, und er konnte die Qualität der unter seiner Leitung ausgebildeten Schülerinnen erahnen. Aber er hatte etwas Neues verstanden, als er zu sich nach Hause kam: Die Schülerinnen von Mademoiselle Marcellis in Löwen hatten dieselbe Intelligenz wie die Handschuhmacherinnen von Grenoble und selbst – was am schwierigsten zuzugeben ist – die Handschuhmacherinnen der Umgebung von Grenoble.

Kapitel III
Die Vernunft der Gleichen

Man muss weiter in den Grund für diese Effekte eindringen: „Wir leiten die Kinder gemäß der *Überzeugung* von der Gleichheit der Intelligenzen."

Was ist eine *Überzeugung* oder *Meinung*? Das ist, sagen die Erklärenden, ein Gefühl, das wir von den Tatsachen bekommen, die wir oberflächlich beobachtet haben. Die Meinungen sprießen besonders in den schwachen Gehirnen des Volkes und sie stehen der Wissenschaft gegenüber, die die wahren Gründe der Erscheinungen kennt. Wenn ihr wollt, lehren wir euch die Wissenschaft.

Langsam. Wir gestehen euch zu, dass die Meinung keine Wahrheit ist. Aber uns geht es darum: Wer die Wahrheit nicht kennt, sucht sie, und man kann einige Begegnungen auf diesem Weg machen. Das einzige Unrecht wäre, unsere Meinungen für Wahrheiten zu nehmen. Aber das ist genau die einzige Sache, in der wir uns auszeichnen wollen, wir Sektierer des Verrückten: Wir denken, dass unsere Meinungen Meinungen sind und nicht mehr als das. Wir haben gewisse Tatsachen gesehen. Wir glauben, dass jenes der Grund davon sein könnte. Wir werden einige andere Experimente durchführen, um die Haltbarkeit dieser Meinung zu überprüfen, und ihr könnt es auch machen. Es scheint uns übrigens, dass diese Vorgangsweise nicht gänzlich neu ist. Gehen die Physiker und die Chemiker nicht oft so vor? Und man spricht dann von Hypothese, von wissenschaftlicher Methode, in einem respektvollen Ton.

Übrigens ist uns der Respekt nicht sonderlich wichtig. Begnügen wir uns mit den Tatsachen: Wir haben gesehen, wie Kinder und Erwachsene alleine, ohne erklärenden Lehrmeister, Lesen, Schreiben, Musikspielen oder Fremdsprachen lernten. Wir glauben, dass diese

Tatsachen durch die Gleichheit der Intelligenzen erklärt werden könnten. Das ist eine Meinung, mit deren Verifizierung wir fortfahren. Es stimmt, dass es da eine Schwierigkeit gibt. Physiker und Chemiker isolieren die physikalischen Erscheinungen, sie setzen sie in Beziehung zu anderen physikalischen Erscheinungen. Sie sind fähig, die bekannten Wirkungen zu reproduzieren, indem sie die Gründe reproduzieren, die sie voraussetzen. Ein derartiger Weg ist uns nicht erlaubt. Niemals werden wir sagen können: Nehmen wir zwei gleiche Intelligenzen und versetzen wir sie in diese und jene Situation. Wir kennen die Intelligenz durch ihre Wirkungen. Aber wir können sie nicht isolieren, nicht messen. Wir sind darauf beschränkt, die Experimente zu vervielfachen, die von dieser Meinung inspiriert sind. Aber niemals können wir sagen: Alle Intelligenzen sind gleich.

Das stimmt. Aber unser Problem ist nicht zu beweisen, dass alle Intelligenzen gleich sind. Man wird sehen, was man mit dieser Annahme machen kann. Und dazu genügt uns bloß, dass diese Meinung möglich ist, das heißt, dass keine umgekehrte Wahrheit bewiesen werden kann.

Die Gehirne und die Blätter

Genau der umgekehrte Sachverhalt, sagen die höheren Geister, ist offenkundig. Die Intelligenzen sind ungleich, das ist für alle offenbar. Erstens gibt es in der Natur keine zwei identischen Wesen. Seht die Blätter an, die von diesem Baum fallen. Sie scheinen euch genau gleich. Schaut genauer hin und befreit euch von eurem Irrtum. Unter diesen Tausenden Blättern gibt es nicht zwei gleiche. Die Individualität ist das Gesetz der Welt. Und wie sollte dieses Gesetz, das für die Pflanzen gilt, nicht erst recht für dieses in der Hierarchie des Lebendigen unendlich höhere Wesen gelten, das die menschliche Intelligenz ist? *Folglich* sind alle Intelligenzen unterschiedlich. Zweitens hat es immer gegeben, wird es immer geben und gibt es nun einmal überall ungleich mit Intelligenz begabte Wesen: Wissende und Unwissende, geistvolle Leute und Dummköpfe, offene Geister und verstockte Gehirne. Wir wissen, was man dazu sagt: der Unterschied der Umstände, des gesellschaftlichen Milieus, der Erziehung … Nun, machen wir ein Experiment: Nehmen wir zwei Kinder, die demselben Milieu entstammen, in derselben Weise erzogen worden sind. Nehmen wir zwei Brüder, geben wir sie in dieselbe Schule, denselben Übungen unterworfen. Und was sehen wir? Der eine wird erfolgreicher sein als der andere. Folglich gibt es einen inneren Unterschied. Und dieser Unterschied liegt darin: Der eine der beiden ist intelligenter, er ist begabter, er verfügt über mehr Fähigkeiten als der andere. *Folglich* seht ihr wohl, dass die Intelligenzen ungleich sind.

Was soll man auf diese *Evidenzen* antworten? Fangen wir von vorne an, bei diesen Blättern, die den höheren Geistern so lieb sind. Wir erkennen sie als so unterschiedlich an, wie sie es wünschen. Wir fragen nur: Wie geht man bloß von der Unterschiedlichkeit der Blätter zur Ungleichheit der Intelligenzen über? Die Ungleichheit ist nur eine Art des Unterschieds und sie ist nicht jene, von der man im Fall der Blätter spricht. Und ein Blatt ist ein materielles Wesen, während ein Verstand immateriell ist. Wie schließt man ohne Fehlschluss von den Eigenschaften der Materie auf die Eigenschaften des Geistes?

Tatsächlich gibt es auf diesem Gebiet mittlerweile raue Gegner: die Physiologen. Die Eigenschaften des Geistes, sagen die radikalsten unter ihnen, sind tatsächlich Eigenschaften des menschlichen Gehirns. Der Unterschied und die Ungleichheit regieren dabei so wie bei der Gestaltung und beim Funktionieren aller anderen Organe des menschlichen Körpers. Wie viel das Gehirn wiegt, so viel Intelligenz gibt es. Dazu die Phrenologen und die Schädelvermesser: Dieser, sagen sie, hat die Geniebeule; jener andere hat nicht die Beule für die Mathematik. Überlassen wir diesen *Hervorstehenden* die Überprüfung ihrer Hervorstehung und kommen wir zum Ernst der Sache. Man kann sich tatsächlich einen konsequenten Materialismus vorstellen. Er würde nur Gehirne kennen und könnte an ihnen alles anwenden, was er auf die materiellen Wesen anwendet. Dann wären in der Tat die Aussagen über die intellektuelle Emanzipation nur Träume von bizarren Gehirnen, die von einer besonderen Form dieser alten Geisteskrankheit erfasst sind, die man unter dem Namen Melancholie kennt. In diesem Fall würden tatsächlich die höheren Geister – das heißt die höheren Gehirne – den niedrigeren Geistern befehlen, wie der Mensch den Tieren befiehlt. Bloß, wenn dem so wäre, würde niemand über die Ungleichheit der Intelligenzen diskutieren. Die höheren Gehirne gäben sich nicht unnötig Mühe, den niedrigeren Gehirnen ihre Überlegenheit zu beweisen, welche unfähig wären, sie zu verstehen. Sie begnügten sich damit, sie zu beherrschen. Und sie würden dabei keinem Hindernis begegnen: Ihre intellektuelle Überlegenheit würde durch die Tat ausgeübt, so wie die physische Überlegenheit. Es bedürfte dann weder Gesetze, Versammlungen und Regierungen im Bereich der Politik, noch Unterricht, Erklärungen und Akademien im intellektuellen Bereich.

Das ist nicht der Fall. Wir haben Regierungen und Gesetze. Wir haben höhere Geister, die versuchen, die niedrigeren Geister zu unterweisen und zu überzeugen. Noch sonderbarer ist, dass die Apostel der Ungleichheit der Intelligenzen in ihrer überwiegenden Mehrzahl den Physiologen nicht folgen und sich über die Schädelvermesser lustig machen. Die Überlegenheit, deren sie sich rühmen, misst sich, ihnen zufolge, nicht an deren Instrumenten. Der Materialismus wäre eine bequeme Erklärung ihrer Überlegenheit, aber das ist nicht ihre Sache. Ihre Überlegenheit ist geistig. Sie sind Spiritualisten, vor allem aus guter Meinung von sich selbst. Sie glauben an die immaterielle und unsterbliche Seele. Aber wie soll das, was immateriell ist, Sache des Mehr und des Weniger sein? Das ist die Widersprüchlichkeit der höheren Geister. Sie wollen eine unsterbliche Seele, einen von der Materie unterschiedenen Geist, und sie wollen unterschiedliche Intelligenzen. Aber es ist die Materie, die Unterschiede macht. Wenn man die Ungleichheit will, muss man die Lokalisierungen im Gehirn akzeptieren; wenn man die Einheit des geistigen Prinzips will, muss man sagen, dass dieselbe Intelligenz, unter unterschiedlichen Umständen, auf unterschiedliche materielle Gegenstände angewendet wird. Aber die höheren

Geister wollen weder eine Überlegenheit, die nur materiell wäre, noch eine Geistigkeit, die sie den Niedrigeren gleich machen würde. Sie beanspruchen die Unterschiede der Materialisten inmitten der Erhabenheit, die der Immaterialität eigen ist. Sie schminken die Beulen der Schädelvermesser zu angeborenen Gaben der Intelligenz.

Sie spüren allerdings, dass der Schuh drückt, und wissen auch, dass man den Niedrigeren etwas zugestehen muss, sei es auch nur vorläufig. Also arrangieren sie die Sache so: Es gibt in jedem Menschen, sagen sie, eine unsterbliche Seele. Diese erlaubt es noch dem Niedrigsten, die großen Wahrheiten des Gewissens und der Pflicht, von Gut und Böse, von Gott und dem Gericht zu kennen. Hierin sind wir alle gleich und wir gestehen sogar zu, dass die Niedrigeren uns oft darin übertreffen. Mögen sie sich damit begnügen und sich nicht die intellektuellen Fähigkeiten anmaßen, die – oft teuer bezahlt – das Privileg derer sind, die die Aufgabe haben, über die allgemeinen Interessen der Gesellschaft zu wachen. Und kommt uns nicht damit, dass diese Unterschiede rein gesellschaftlich sind. Seht euch lieber diese zwei Kinder an, die aus demselben Milieu stammen, von denselben Lehrmeistern ausgebildet wurden. Der eine hat Erfolg, der andere nicht. Folglich …

Gut. Sehen wir uns also eure Kinder und euer *folglich* an. Der eine schafft es besser als der andere, das ist eine *Tatsache*. Wenn er es besser schafft, sagt ihr, dann *deshalb, weil* er intelligenter ist. Hier wird die Erklärung unklar. Habt ihr eine zweite *Tatsache* gezeigt, die der Grund der ersten wäre? Wenn ein Physiologe fände, dass eines der Gehirne enger oder leichter als das andere ist, wäre das eine Tatsache. Er könnte berechtigterweise *folgern*. Aber ihr habt keine andere Tatsache gezeigt. Indem ihr sagt „Er ist intelligenter", habt ihr einfach die Gedanken zusammengefasst, die die Tatsache umschreiben. Ihr habt ihr einen *Namen* gegeben. Aber der *Name* einer Tatsache ist nicht ihr Grund, höchstens ihre Metapher. Ihr habt die Tatsache einmal erzählt, als ihr sagtet „Er schafft es besser", ihr habt sie unter einem anderen Namen erzählt, als ihr behauptetet „Er ist intelligenter". Aber in der zweiten Aussage gibt es nicht mehr als in der ersten. „Dieser Mensch schafft es besser als dieser andere, weil er mehr Geist hat; das bedeutet genau: Er schafft es besser, weil er es besser schafft (…) Dieser junge Mann hat mehr *Begabung*, sagt man. Ich frage, was *Begabung* heißt, und man beginnt mir wieder die Geschichte von den zwei Kindern zu erzählen; also begabter, sage ich mir, bedeutet die Menge der Tatsachen, die ich gerade gehört habe; aber diese Ausdrucksweise erklärt sie überhaupt nicht."[31]

Es ist also unmöglich, aus dem Zirkel herauszukommen. Man muss den Grund der Ungleichheit zeigen, auf die Gefahr hin, sie den Gehirnerhebungen zuzuschreiben, oder sich damit beschränken, nur eine Tautologie auszusprechen. Die Ungleichheit der Intelligenzen erklärt die Ungleichheit der intellektuellen Erscheinungen, wie die *virtus dormitiva* die Wirkung des Opiums erklärt.

Ein aufmerksames Tier

Wir wissen, dass eine Rechtfertigung der Gleichheit der Intelligenzen gleichfalls tautologisch wäre. Wir nehmen daher einen anderen Weg: Wir sprechen nur davon, was wir sehen; wir benennen die Tatsachen, ohne vorzugeben, ihnen einen Grund beizustellen. Erste Tatsache: „Ich sehe, dass der Mensch Dinge tut, die andere Tiere nicht machen. Ich nenne diese Tatsache *Geist*, *Intelligenz*, wie es mir gefällt; ich erkläre nichts, ich gebe dem, was ich sehe, einen Namen."[32] Ich kann ebenso sagen, der Mensch sei ein *vernünftiges Lebewesen*. Damit bezeichne ich die Tatsache, dass der Mensch über eine artikulierte Sprache verfügt, deren er sich bedient, um Wörter, Figuren, Vergleiche zu bilden, damit er sich mit seinesgleichen verständigen kann. Zweitens sehe ich, wenn ich zwei Menschen miteinander vergleiche, „dass sie in den ersten Momenten des Lebens absolut dieselbe Intelligenz haben, das heißt genau dieselben Dinge tun, mit demselben Ziel, mit derselben Absicht. Ich sage, dass diese zwei Menschen die gleiche Intelligenz haben, und dieser Ausdruck *gleiche Intelligenz* ist ein abgekürztes Zeichen für all jene Tatsachen, die ich bemerkte, als ich zwei Kleinkinder beobachtete."

Später werde ich davon unterschiedene Tatsachen sehen. Ich werde feststellen, dass diese zwei Intelligenzen nicht dieselben Dinge machen, nicht dieselben Resultate erzielen. Ich könnte sagen, wenn ich will, dass die Intelligenz des einen entwickelter als die des anderen ist, wenn ich weiß, dass ich wiederum nur eine neue Tatsache *erzähle*. Nichts hindert mich, darüber eine Hypothese aufzustellen. Ich werde nicht sagen, dass die Fähigkeit des einen niedriger zu bewerten ist als die des anderen. Ich werde nur annehmen, dass sie nicht in derselben Weise ausgeübt wurde. Nichts beweist es mir mit Sicherheit. Aber nichts beweist mir das Gegenteil. Es genügt mir zu wissen, dass dieser Mangel an Übung möglich ist und dass viele Erfahrungen das bestätigen. Ich werde also die Tautologie ein wenig verschieben: Ich werde nicht sagen, dass er weniger Erfolg hat, weil er weniger intelligent ist. Ich werde sagen, dass er vielleicht schlechtere Arbeit geleistet hat, weil er weniger gearbeitet hat, dass er schlechter gesehen hat, weil er schlechter hingesehen hat. Ich werde sagen, dass er seiner Arbeit geringe Aufmerksamkeit geschenkt hat.

Damit bin ich vielleicht nicht viel weitergekommen, aber immerhin genug, um aus dem Zirkel herauszutreten. Die Aufmerksamkeit ist weder eine Gehirnerhebung noch eine okkulte Eigenschaft. Sie ist eine immaterielle Tatsache ihrem Prinzip nach, aber materiell in ihren Wirkungen: Wir haben tausend Wege, ihre Anwesenheit, Abwesenheit oder ihre größere oder kleinere Intensität zu verifizieren. Dazu tendieren alle Übungen des universellen Unterrichts. Schließlich ist die Ungleichheit der Aufmerksamkeit eine Erscheinung, deren mögliche Gründe uns die Erfahrung eingibt. Wir wissen, warum die Kleinkinder eine derart ähnliche Intelligenz bei ihrer Erforschung der Welt und ihrem Lernen der Sprache an den Tag legen. Der Instinkt und der Bedarf führen sie in derselben Weise dazu. Sie haben alle ungefähr dieselben Bedürfnisse zu befriedigen und sie wollen alle vollwertig in die Gesellschaft der Menschen, in die Gesellschaft der sprechenden Wesen eintreten. Und dafür darf die Intelligenz nicht ruhen. „Dieses Kind ist umgeben von Gegenständen, die alle zugleich unterschiedliche Sprachen sprechen; es muss sie getrennt voneinander und in ihrer Gesamtheit untersuchen;

sie haben keine Beziehung zueinander und sie widersprechen sich oft. Es kann nichts erraten von all diesen Idiomen, mit denen die Natur zur selben Zeit zu seinem Ohr, seinem Tastsinn und zu all seinen Sinnen spricht. Es muss oft wiederholen, um sich so vieler absolut beliebiger Zeichen zu erinnern (…) Was für eine Aufmerksamkeit braucht es da nicht!"[33]

Nachdem dieser große Schritt getan ist, ist das Bedürfnis weniger dringend, die Aufmerksamkeit weniger konstant und das Kind gewöhnt sich, mit den Augen des anderen zu sehen. Die Umstände variieren und es entwickelt die intellektuellen Fähigkeiten, nach denen jene verlangen. Dasselbe gilt für die Menschen aus dem Volk. Es ist nicht nötig zu diskutieren, ob ihre „geringere" Intelligenz eine Wirkung der Natur oder der Gesellschaft ist: Sie entwickeln die Intelligenz, die die Bedürfnisse und die Umstände ihrer Existenz von ihnen verlangen. Da, wo das Bedürfnis endet, ruht sich die Intelligenz aus, außer ein stärkerer Wille verschafft sich Gehör und sagt: Mach weiter; schau, was du gemacht hast und was du machen *kannst*, wenn du dieselbe Intelligenz gebrauchst, die du bereits angewandt hast, indem du jeder Sache gegenüber gleich aufmerksam bist, indem du dich nicht von deinem Weg abbringen lässt.

Fassen wir diese Beobachtungen zusammen und sagen wir: *Der Mensch ist ein Wille, dem eine Intelligenz dient. Vielleicht* genügt es, dass die Willen ungleich gebieterisch sind, um die Unterschiede der Aufmerksamkeit zu erklären, die vielleicht genügen, die Ungleichheit der intellektuellen Leistungen zu erklären.

Der Mensch ist *ein Wille, dem eine Intelligenz dient.* Diese Formel ist Erbin einer langen Geschichte. Das Denken der großen Geister des 18. Jahrhunderts zusammenfassend hat Saint-Lambert behauptet: *Der Mensch ist eine lebendige Organisation, der eine Intelligenz dient.* Die Formel roch nach Materialismus und zu Zeiten der Restauration hatte der Apostel der Gegenrevolution, der Vicomte de Bonald, sie genau umgedreht: *Der Mensch*, erklärte er, *ist eine Intelligenz, der Organe dienen.* Aber diese Umkehrung bewirkte eine sehr zwiespältige Wiedererrichtung der Intelligenz. Was dem Vicomte an der Formel des Philosophen missfiel, war nicht, dass sie der menschlichen Intelligenz einen zu geringen Anteil ließ. Er selbst machte nicht viel Aufhebens von ihr. Was ihm hingegen missfiel, war dieses republikanische Modell eines Königs im Dienste der kollektiven Organisation. Was er wiedererrichten wollte, war die gute hierarchische Ordnung: ein König, der befiehlt, und Untertanen, die gehorchen. Die königliche Intelligenz war für ihn sicherlich nicht die des Kindes oder des Arbeiters, die auf die Aneignung der Welt der Zeichen gerichtet ist; das war die göttliche Intelligenz, eingeschrieben in die Gesetze, die den Menschen von der Gottheit gegeben wurden, in die Sprache selbst, die ihren Ursprung weder in der Natur noch in der menschlichen Kunstfertigkeit hatte, sondern sich der reinen göttlichen Gabe verdankte. Das Los des menschlichen Willens war es, sich dieser bereits offenbarten Intelligenz zu unterwerfen, die in den Gesetzbüchern, in der Sprache sowie in den gesellschaftlichen Institutionen eingeschrieben ist.

Diese Festlegung führte zu einem gewissen Paradox. Um den Triumph der gesellschaftlichen und sprachlichen Objektivität über die „individualistische" Philosophie der Aufklärung zu sichern, musste Bonald die „materialistischsten" Formulierungen eben jener Philosophie in Kauf nehmen. Um jede Vorgängigkeit des Denkens vor der Sprache zu verneinen, um der Intelligenz jedes Recht zur Suche einer Wahrheit, die ihr eigen ist, zu verbieten, musste er sich in die Reihe derer stellen, die die Operationen des Geistes auf den reinen Mechanismus der Empfindungen und der sprachlichen Zeichen reduziert hatten; das ging so weit, dass er sich über die Mönche des Berg Athos lustig machte, die, indem sie die Bewegungen ihres Nabels betrachteten, sich von göttlichem Geist bewohnt glaubten.[34] So fand sich diese Naturgleichheit von sprachlichen Zeichen und den Ideen des Verstandes, die das 18. Jahrhundert gesucht und die die Arbeit der Ideologen[35] weitergeführt hatte, vereinnahmt und verkehrt zugunsten einer Vorherrschaft des Bestehenden, im Rahmen einer theokratischen und soziokratischen Auffassung der Intelligenz. „Der Mensch", schreibt der Vicomte, „denkt sein Sprechen, bevor er sein Denken spricht."[36] Eine materialistische Theorie der Sprache, die uns nicht im Ungewissen lässt über den frommen Gedanken, der sie belebt: „Als treue und ewige Hüterin des heiligen Schatzes der fundamentalen Wahrheiten der gesellschaftlichen Ordnung verleiht die Gesellschaft, allgemein betrachtet, allen ihren Kindern, sobald sie in die große Familie eintreten, eine Kenntnis davon."[37]

Angesichts dieser starken Gedanken hat jemand mit wütender Hand auf sein Exemplar diese Zeilen gekritzelt: „Vergleichen Sie dies skandalöse Geschwätz mit der Antwort des Orakels auf die gelehrte Unwissenheit des Sokrates." Das ist nicht die Hand von Joseph Jacotot, es ist jene eines Kollegen von Monsieur de Bonald in der Abgeordnetenkammer, des Ritters Maine de Biran, der, ein wenig später, in zwei Zeilen das ganze Gebäude des Vicomte niederreißt: Die Vorgängigkeit der Zeichen der Sprache ändert nichts an dem Vorrang des intellektuellen Aktes, der ihnen für jedes Menschenkind Sinn gibt: „Der Mensch lernt zu sprechen nur dadurch, dass er Ideen mit Wörtern verknüpft, die er von seiner Amme bezieht." Eine auf den ersten Blick erstaunliche Koinzidenz. Man sieht zuerst schlecht, was den ehemaligen Leutnant der Garden von Ludwig XVI. und den ehemaligen Hauptmann der Armeen des Jahres I der französischen Revolution, den Schlossherrn und Verwalter und den Professor des Departementalgymnasiums, den Abgeordneten der monarchistischen Kammer und den exilierten Revolutionär zusammenführen könnte. Höchstens, so wird man denken, bei Ausbruch der Revolution 20 Jahre alt gewesen zu sein, mit 25 den Pariser Tumult geflohen zu sein, und in der Distanz reichlich lange über den Sinn und die Bedeutung meditiert zu haben, welche, inmitten so vieler Umwälzungen, der alte sokratische Spruch annehmen oder wiederannehmen könnte. Jacotot versteht ihn eher in der Weise der Moralisten, Maine de Biran in jener der Metaphysiker. Es bleibt jedoch eine gemeinsame Sicht bestehen, die dieselbe Behauptung des Primats des Denkens vor den Zeichen der Sprache unterstützt: dieselbe Bilanz der analytischen und ideologischen Tradition, im Herzen deren der eine wie der andere sein Denken geformt hat. Man muss die Erkenntnis seiner selbst und die Macht der Vernunft nun nicht mehr in der wechselseitigen Durchsichtigkeit der Zeichen der Sprache und der Ideen des Verstandes füreinander suchen. Die revolutionäre und imperiale Willkür des Wollens hat gänzlich dieses verheißene Land der gut gemachten Sprachen besetzt, welches sich die Vernunft von gestern versprach. Die Sicherheit des Denkens zieht sich jenseits der Durchsichtigkeiten der Sprache zurück – seien sie republikanisch oder theokratisch. Sie fußt auf ihrem eigenen Akt, auf dieser Spannung des Geistes, die jeder Kombination der Zeichen vorhergeht und sie bestimmt. Die Gottheit der revolutionären und imperialen Zeit, der Wille, findet seine Vernünftigkeit im Herzen dieser Anstrengung jedes Einzelnen, in dieser Selbstbestimmung des Geistes als Aktivität. Die Intelligenz ist Aufmerksamkeit und Suche, bevor sie Kombination von Ideen ist. Der Wille ist die Fähigkeit, sich zu bewegen, nach seiner *eigenen* Bewegung zu handeln, bevor er Instanz der Wahl ist.

Ein Wille, dem eine Intelligenz dient

Es ist diese grundlegende Umkehrung, die die neue Ausrichtung der Definition des Menschen verzeichnet: Der Mensch ist ein Wille, *dem eine Intelligenz dient.* Der Wille ist die rationale Macht, die man aus den Streitereien zwischen den *Anhängern der Ideen* und den *Anhängern der Dinge* heraushalten muss. In diesem Sinne muss man auch die cartesianische Gleichheit des *cogito* präzisieren. Diesem denkenden Subjekt, das sich als solches nur kannte, indem es sich von jedem Sinn und von jedem Körper lossagte, wird dieses neue denkende Subjekt gegenübergestellt, das sich in der Macht, die es über sich selbst wie über den Körper ausübt, empfindet. So fertigt Jacotot nach den Prinzipien des universellen Unterrichts seine eigene *Übersetzung* dieser berühmten cartesianischen Analyse des Stückes Wachs an: „Ich will hinschauen und ich sehe. Ich möchte zuhören und ich höre. Ich möchte tasten und mein Arm streckt sich aus, bewegt sich an der Oberfläche der Gegenstände oder dringt in ihr Inneres ein; meine Hand öffnet sich, entfaltet sich, streckt sich, zieht sich wieder zusammen, meine Finger spreizen sich oder schließen sich, um meinem Willen zu gehorchen. In dieser Tätigkeit des Tastens kenne ich nur meinen Willen zu tasten. Dieser Wille ist weder mein Arm noch meine Hand, nicht mein Gehirn und auch nicht das Tasten. Dieser Wille bin ich, meine Seele, er ist meine Macht, meine Fähigkeit. Ich fühle diesen Willen, er ist mir gegenwärtig, er ist ich selbst; was die Art und Weise betrifft, in der ich befolgt werde, so fühle ich sie nicht, ich kenne sie nur durch meine Taten (...) Ich fasse die Ideenformung wie das Tasten auf. Ich habe Empfindungen, wann es mir beliebt, ich befehle meinen Sinnen, sie mir zu bringen. Ich habe Ideen, wann ich will, ich befehle meiner Intelligenz, diese zu suchen, zu ertasten. Die Hand und die Intelligenz sind meine Sklaven, von denen jeder seine Aufgabenbereiche hat. Der Mensch ist ein Wille, dem eine Intelligenz dient."[38]

Ich habe Ideen, wann ich will. Descartes kannte wohl die Macht des Willens über den Verstand. Aber er kannte sie gerade als Macht des Falschen, als Grund des Irrtums: die Voreiligkeit etwas zu *behaupten*, wenn die Idee nicht klar und deutlich ist. Man muss umgekehrt sagen, dass es der Mangel an Willen ist, der die Intelligenz irren lässt. Die Erbsünde des Geistes ist nicht die Voreiligkeit, sie ist die Abgelenktheit, die Abwesenheit. „Ohne Willen oder ohne Überlegung zu handeln, erzeugt keinen intellektuellen Akt. Die Wirkung, die daraus resultiert, kann weder unter die Produktionen der Intelligenz gereiht, noch mit ihnen verglichen werden. In der Untätigkeit kann man keine mehr oder weniger große Tätigkeit sehen; sie ist nichts. Der Idiotismus ist keine Fähigkeit, er ist die Abwesenheit oder der Schlaf oder die Ruhe dieser Fähigkeit."[39]

Die Tätigkeit der Intelligenz ist sehen und vergleichen, was sie sieht. Sie sieht zuerst auf gut Glück. Sie muss versuchen, zu wiederholen und die Bedingungen zu schaffen, von neuem zu sehen, was sie gesehen hat, um ähnliche Tatsachen zu sehen, um Tatsachen zu sehen, die der Grund davon sein könnten, was sie gesehen hat. Sie muss auch Wörter, Sätze und Redefiguren bilden, um den anderen zu sagen, was sie gesehen hat. Kurz, mag es auch den Genies missfallen, die am meisten praktizierte Weise der Übung der Intelligenz ist die Wiederholung. Und die Wiederholung langweilt. Das erste Laster ist die Faulheit. Es ist leichter, abwesend zu sein, halb zu sehen, zu sagen, was man nicht sieht, als zu sagen, was man zu sehen glaubt. So bilden sich die Abwesenheitssätze, diese *folglichs*, die kein Abenteuer des Geistes vermitteln. „Ich kann nicht" ist das beste Beispiel für diese Abwesenheitssätze. „Ich kann nicht" ist kein Name einer Tatsache. Nichts geschieht in dem Geist, dem diese Behauptung entspricht. Sie *will* buchstäblich nichts sagen.[40] So füllt oder leert sich die Rede, je nachdem, ob der Wille den Fortgang der Intelligenz erzwingt oder nicht. Die Bedeutung ist das Werk des Willens. Hierin liegt das Geheimnis des universellen Unterrichts. Es ist auch das Geheimnis derer, die man Genies nennt: die unermüdliche Arbeit, um den Körper den notwendigen Gewohnheiten zu beugen, um der Intelligenz neue Ideen zu befehlen, neue Arten, diese auszudrücken; um planmäßig nachzumachen, was der Zufall erzeugt hat, und um die unglücklichen Umstände in Erfolgschancen zu verwandeln: „Das gilt für die Redner wie für die Kinder. Sie bilden sich in der Versammlung, wie wir uns im Leben gestalten (...) Derjenige, der in der letzten Sitzung zufällig auf seine Kosten Heiterkeit erregt hat, könnte lernen, immer und wann er es will Gelächter hervorzurufen, wenn er alle Verhältnisse studiert, die diese Lacher provoziert hatten, die ihn verstörten und ihm den Mund für immer schlossen. Das war der Anfang von Demosthenes. Er lernte, als er Lachen hervorrief, ohne es zu wollen, wie er dieses schallende Gelächter gegen Aischines wenden könnte. Aber Demosthenes war nicht faul. Er konnte es nicht sein."[41]

Ein Individuum kann alles, was es will, proklamiert der universelle Unterricht. Aber man sollte nicht darüber im Unklaren bleiben, was *wollen* heißt. Der universelle Unterricht ist nicht der Schlüssel zum Erfolg, der den Unternehmern durch die Erforschung der wunderbaren Macht des Willens geschenkt wird. Nichts wäre dem Denken der Emanzipation fremder als dieses Jahrmarktgeschrei. Und der Meister ist verstört, als die Anhänger seiner Lehre ihre Schule unter dem Zeichen *Wer will, kann* eröffnen. Das einzige Banner, das etwas taugt, ist das der *Gleichheit der Intelligenzen*. Der universelle Unterricht ist keine Methode für Draufgänger. Es stimmt wahrscheinlich, dass die Ehrgeizigen und Eroberer seine abenteuerliche Variante sind. Ihre Leidenschaft ist eine unerschöpfliche

Quelle an Ideen und sie verstehen sich ganz gewiss schnell darauf, Generäle, Gelehrte oder Financiers, deren Wissenschaft sie nicht beherrschen, zu dirigieren. Aber dieser Theatereffekt interessiert uns nicht. Was die Ehrgeizigen an intellektuellem Vermögen gewinnen, indem sie sich niemandem unterlegen glauben, verlieren sie, indem sie sich allen anderen überlegen fühlen. Was uns interessiert, ist die Erforschung der Macht jedes Menschen, wenn er sich allen anderen gleich und alle anderen ihm gleich schätzt. Unter Wille verstehen wir diese Rückwendung des vernünftigen, sich als handelnd wissenden Wesens auf sich selbst. Es ist diese Quelle der Vernünftigkeit, dieses Bewusstsein und diese Selbsteinschätzung als vernünftig handelndes Wesen, die die Bewegung der Intelligenz antreibt. Das vernünftige Wesen ist zuerst ein Wesen, das seine Fähigkeit kennt, das sich darüber nicht belügt.

Das Prinzip der Wahrhaftigkeit

Es gibt zwei grundlegende Lügen: diejenige, die proklamiert *Ich sage die Wahrheit*, und diejenige, die behauptet *Ich kann es nicht sagen*. Das vernünftige Wesen, das sich auf sich selbst besinnt, weiß um die Nichtigkeit dieser zwei Behauptungen. Die erste Tatsache ist die Unmöglichkeit, sich selbst nicht zu kennen. Das Individuum kann sich nicht belügen, es kann sich nur vergessen. „Ich kann nicht" ist somit ein Satz der Selbstvergessenheit, in die das vernünftige Wesen sich zurückgezogen hat. Kein böser Geist kann sich zwischen das Bewusstsein und seine Tat stellen. Aber man muss auch den sokratischen Spruch umdrehen. *Niemand ist willentlich böse*, proklamiert er. Wir sagen umgekehrt: „Jede Eselei stammt vom Laster."[42] Niemand befindet sich im Irrtum, wenn nicht durch Boshaftigkeit, das heißt durch Faulheit, durch das Verlangen, nichts mehr davon hören zu müssen, was ein vernünftiges Wesen sich selbst schuldig ist. Das Prinzip des Bösen liegt nicht in einer irrigen Kenntnis des Guten, das der Zweck des Handelns ist. Es ist Untreue gegenüber sich selbst. *Erkenne dich selbst* heißt nicht mehr in platonischer Weise: Wisse, wo dein Heil ist. Es bedeutet: Besinne dich auf das, was dich in dir nicht betrügen kann. Deine Unfähigkeit ist nur Faulheit zu gehen. Deine Demut ist nur die stolze Furcht, unter den Blicken der anderen zu stolpern. Stolpern bedeutet nichts; das Böse besteht darin, abzuschweifen, seinen Weg zu verlassen, nicht mehr darauf aufmerksam zu sein, was man sagt, zu vergessen, was man ist. Geh doch *deinen* Weg!

Dieses Prinzip der *Wahrhaftigkeit* ist im Herzen der Erfahrung der Emanzipation. Sie ist der Schlüssel keiner Wissenschaft, sondern der privilegierte Bezug jedes Einzelnen zur Wahrheit, jenes Prinzip, das ihn auf seinen Weg bringt, auf seine Umlaufbahn als Forscher. Es ist die moralische Grundlage der Erkenntnisfähigkeit. Genau diese ethische Begründung der Erkenntnisfähigkeit ist noch so ein Gedanke der Zeit, eine Frucht der Meditation über die Erfahrung der Revolution und des Kaiserreichs. Aber die Mehrzahl der Denker dieser Zeit versteht ihn im umgekehrten Sinne wie Jacotot. Für sie ist die Wahrheit, die die intellektuelle Zustimmung regiert, eins mit dem Band, das die Menschen eint. Die Wahrheit ist, was verbindet; der Fehler ist Zerreißen und Einsamkeit. Die Gesellschaft, ihre Institution, das Ziel, das sie verfolgt, das definiert den Willen, mit dem sich das Individuum identifizieren muss, um eine richtige Wahrnehmung zu erreichen. So denken Bonald, der Theokrat, und in seiner Nachfolge Buchez, der Sozialist, oder Auguste Comte, der Positivist. Weniger streng sind die Eklektiker mit ihrem Gemeinsinn und ihren großen Wahrheiten, die im Herz jedes Einzelnen, ob Philosoph oder Schuster, geschrieben stehen. Aber alle sind sie Männer der Anhäufung. Und hier hakt Jacotot ein. Man sage, wenn man wolle, dass die Wahrheit verbindet. Aber was die *Menschen* verbindet, was sie eint, das ist die Nicht-Anhäufung. Verjagen wir die Vorstellungen von diesem gesellschaftlichen Zement, der die denkenden Köpfe des postrevolutionären Zeitalters versteinern lässt. Die Menschen sind geeint, weil sie Menschen, das heißt Wesen der *Distanz* sind. Die Sprache eint sie nicht. Es ist im Gegenteil ihre Willkür, die sie, indem sie sie dazu zwingt, zu übersetzen, in Bezug auf ihre Anstrengungen verbindet – jedoch auch in Bezug auf ihre

Intelligenz: Der Mensch ist ein Wesen, das ganz genau weiß, wann derjenige, der spricht, nicht weiß, was er sagt.

Die Wahrheit vereinigt die Menschen nicht. Sie gibt sich ihnen nicht hin. Sie ist unabhängig von uns und unterwirft sich nicht der Zerstückelung unserer Sätze. „Die Wahrheit ist von sich aus da; sie ist, was ist, und nicht, was gesagt wird. Sagen hängt vom Menschen ab; aber die Wahrheit hängt davon nicht ab."[43] Doch sie ist uns deshalb nicht fremd und wir sind nicht aus ihrem Reich verbannt. Die Erfahrung der *Wahrhaftigkeit* bindet uns an ihr abwesendes Zentrum, sie lässt uns um ihren Mittelpunkt kreisen. Zuallererst können wir Wahrheiten sehen und aufzeigen. So ist „ich habe gelehrt, was ich nicht weiß" eine Wahrheit. Es ist der Name einer Tatsache, die existiert hat, die sich wiederholen lässt. Was den Grund dieser Tatsache betrifft, so ist er vorerst eine Meinung und vielleicht für immer. Aber mit dieser Meinung kreisen wir um die Wahrheit, von Tatsachen zu Tatsachen, von Verhältnissen zu Verhältnissen, von Sätzen zu Sätzen. Das Wesentliche ist, nicht zu lügen, nicht zu sagen, dass man gesehen hat, wenn man die Augen geschlossen hatte, nichts anderes zu erzählen als das, was man gesehen hat, nicht zu glauben, man habe erklärt, wenn man bloß benannt hat.

Solcherart zieht jeder von uns seine Parabel um die Wahrheit herum. Es gibt nicht zwei gleiche Umlaufbahnen. Und deshalb bringen die Erklärenden unsere Revolution in Gefahr. „Diese Umlaufbahnen der menschenfreundlichen Auffassungen schneiden sich nur selten und haben nur einige gemeinsame Punkte. Niemals stimmen die Mischfiguren, die sie beschreiben, ohne Störung überein, ohne die Freiheit und damit den Gebrauch der Intelligenz, die deren Folge ist, aufzuheben. Der Schüler fühlt, dass er von sich aus nicht den Weg beschritten hätte, auf den man ihn gezogen hat; und er vergisst, dass es tausend Wege gibt, die seinem Willen in den intellektuellen Räumen offenstehen."[44] Dieses Zusammenfallen der Umlaufbahnen, das ist es, was wir Verdummung genannt haben. Und wir verstehen, weshalb die Verdummung umso weiter geht, als dieses Zusammenfallen subtiler, weniger wahrnehmbar ist. Deshalb stellt die sokratische Methode, die dem universellen Unterricht scheinbar so nahe steht, die fürchterlichste Form der Verdummung dar. Die sokratische Methode der Befragung, die vorgibt, den Schüler zu seinem eigenen Wissen zu führen, ist tatsächlich die eines Pferdedresseurs: „Er befiehlt die Entwicklungen, die Stufen und die Stufenhöhen. Er selbst hat die Ruhe und die Würde des Befehlens während der Dressur des Geistes, den er leitet. Von Umweg zu Umweg gelangt der Geist zu einem Ziel, das er am Anfang nicht einmal geahnt hat. Er ist erstaunt, es zu erreichen, er dreht sich um, bemerkt seinen Führer, das Staunen wandelt sich in Bewunderung und diese Bewunderung verdummt. Der Schüler fühlt, dass er alleine und auf sich selbst gestellt nicht diesem Weg gefolgt wäre."[45]

Niemand hat ein Verhältnis zur Wahrheit, wenn er nicht auf seiner eigenen Umlaufbahn ist. Niemand rühme sich deshalb dieser Besonderheit und proklamiere seinerseits: *Amicus Plato, sed magis amica veritas!* Das ist eine Phrase des Theaters. Aristoteles, der sie vorträgt, macht nichts anderes als Platon. Wie dieser gibt er seine Meinungen wieder, erzählt seine intellektuellen Abenteuer, sammelt auf seinem Weg einige Wahrheiten auf. Was die Wahrheit betrifft, so wartet sie nicht auf die Philosophen, die sich ihre Freunde nennen, sie ist nur mit sich selbst befreundet.

Die Vernunft und die Sprache

Die Wahrheit lässt sich nicht sagen. Sie ist eins und die Sprache zerstückelt, sie ist notwendig und die Sprachen sind willkürlich. Diese These der Willkür der Sprachen ist, noch vor der Proklamierung des universellen Unterrichts, diejenige, durch welche der Unterricht von Jacotot zum Skandalon wurde. Seine Eröffnungsvorlesung in Löwen hatte diese Frage zum Thema, die vom Jahrhundert Diderots und des Abbé Batteux' geerbt wurde: Ist die direkte Konstruktion, die das Nomen vor Verb und Attribut stellt, die natürliche Konstruktion? Und haben die französischen Schriftsteller das Recht, diese Konstruktion als ein Zeichen der intellektuellen Überlegenheit ihrer Sprache anzusehen? Er verneinte dies. Mit Diderot bestimmte er die „umgekehrte“ Ordnung für ebenso natürlich und vielleicht sogar noch natürlicher als die sogenannte natürliche Reihenfolge, er hielt die Sprache des Gefühls jener der Analyse für vorgängig. Aber vor allem wies er die Idee einer natürlichen Ordnung und der Hierarchien, die daraus folgen könnten, zurück. Alle Sprachen sind gleich willkürlich. Es gibt keine Sprache der Intelligenz, keine Sprache, die universeller wäre als die anderen.

Die Entgegnung ließ nicht auf sich warten. In der folgenden Nummer des *Belgischen Beobachters*, einer literarischen Zeitschrift in Brüssel, denunzierte ein junger Philosoph, Van Meenen, diese These als ein der Oligarchie verliehenes theoretisches Unterpfand. Fünf Jahre später, nach der Veröffentlichung von *Muttersprache*, ereiferte sich seinerseits ein junger Jurist, der Van Meenen nahe stand und die Vorlesungen von Jacotot besucht und sogar veröffentlicht hatte. In seinem *Versuch über das Buch von Monsieur Jacotot* greift Jean Sylvain Van de Weyer jenen Französischprofessor an, der nach Bacon, Hobbes, Locke, Harris, Condillac, Dumarsais, Rousseau, Destutt de Tracy und Bonald noch immer zu behaupten wagt, dass das Denken der Sprache vorgängig ist.

Die Position dieser jungen und stürmischen Widersacher ist einfach zu verstehen. Sie repräsentieren das junge Belgien, patriotisch, liberal und frankophon, in intellektuellem Aufstand gegen die holländische Herrschaft. Die Hierarchie der Sprachen und die Universalität der französischen Sprache zu zerstören bedeutet für sie, die Sprache der holländischen Oligarchie, eine zurückgebliebene Sprache der am wenigsten zivilisierten Gruppe, aber auch die geheime Sprache der Macht zu favorisieren. In ihrer Nachfolge beschuldigte der *Kurier der Mosel* die „Methode Jacotot“, gerade recht zu kommen, um mit geringem Aufwand die holländische – unter Anführungszeichen – Sprache und Zivilisation aufzuzwingen. Aber es gibt Tiefergehendes als das. Diese jungen Verteidiger der belgischen Identität und der französischen intellektuellen Heimat haben auch die *Philosophischen Untersuchungen* des Vicomte de Bonald gelesen. Sie haben daraus eine grundlegende Vorstellung gewonnen, nämlich die Analogie zwischen den Gesetzen der Sprache, den Gesetzen der Gesellschaft und den Gesetzen des Denkens, ihre prinzipielle Einheit im göttlichen Gesetz. Wahrscheinlich weichen sie im Übrigen von der philosophischen und politischen Botschaft des Vicomte ab. Sie wollen eine nationale und konstitutionell Monarchie, und sie wollen, dass der Geist frei in sich die großen metaphysischen, moralischen und gesellschaftlichen Wahrheiten findet, die von der Gottheit in das Herz eines jeden eingeschrieben wurden. Ihr philosophisches Idol ist ein junger Professor in Paris namens Victor Cousin. In der These der Willkür der Sprachen sehen sie die Irrationalität sich in die Kommunikation einschleichen, auf dem Weg der Entdeckung des Wahren, auf welchem die Meditation des Philosophen sich mit dem Gemeinsinn des gewöhnlichen Mannes verbinden muss. In diesem Paradox des Lektors von Löwen sehen sie das Übel jener Philosophen fortgesetzt, die „in ihren Attacken im Namen der Vorurteile die schlimmsten Irrtümer, deren Ursprung sie nicht weit von ihnen entdeckten, oft verwechselten mit den fundamentalen Wahrheiten, die sie auf denselben Ursprung zurückführten, weil ihnen der wahrhafte Ursprung in den Tiefen, die dem Skalpell der Argumentation und dem Mikroskop einer geschwätzigen Metaphysik unerreichbar sind, verborgen blieb, und wohin man seit langem verlernt hatte hinabzusteigen und sich von der bloßen Klarheit eines geraden Sinnes und eines einfachen Herzens leiten zu lassen."[46]

Tatsache ist: Jacotot will diese Art von Hinabsteigen nicht *wieder lernen*. Er *hört* diese nie enden wollenden Sätze jenes geraden Sinnes und einfachen Herzens nicht. Er will diese ängstliche Freiheit nicht, die sich im Übereinstimmen der Gesetze des Denkens mit den Gesetzen der Sprache und denen der Gesellschaft garantieren lässt. Die Freiheit ist durch keine prästabilierte Harmonie garantiert. Sie wird einzig durch die Anstrengung jedes Einzelnen genommen, gewonnen und auch verloren. Und die Vernunft vergewissert sich nicht, bereits in den Konstruktionen der Sprache und in den Gesetzen der Gemeinschaft eingeschrieben zu sein. Die Gesetze der Sprache haben nichts mit der Vernunft zu tun und die Gesetze der

Gemeinschaft haben sehr viel mit der Unvernunft zu tun. Wenn es ein göttliches Gesetz gibt, so ist es das Denken selbst, in seiner bewahrten Wahrhaftigkeit, das alleine Zeugnis davon ablegt. Der Mensch denkt nicht, *weil* er spricht – das wäre gerade die Unterwerfung des Denkens unter die existierende materielle Ordnung –, der Mensch denkt, weil er existiert.

Es bleibt bestehen, dass das Denken sich sagen, sich in Werken zeigen, sich anderen denkenden Wesen mitteilen muss. Es muss dies mittels Sprachen mit willkürlichen Bedeutungen vollbringen. Es ist darin kein Hindernis für die Mitteilung zu sehen. Nur die Faulen erschrecken vor der Idee dieser Willkür und sehen darin das Grab der Vernunft. Im Gegenteil verwendet die menschliche Intelligenz ihre ganze Kunstfertigkeit darauf, sich verständlich zu machen und zu verstehen, was die Nachbarintelligenz ihr sagen will, weil es keinen Code gibt, den die Gottheit gegeben hätte, keine Sprache der Sprache. Das Denken sagt sich nicht *in der Wahrheit* aus, es drückt sich *in der Wahrhaftigkeit* aus. Es lässt sich teilen, es lässt sich erzählen, es übersetzt sich für andere, die daraus eine andere Erzählung, eine andere Übersetzung machen, unter einer einzigen Voraussetzung, nämlich mitteilen zu wollen, raten zu wollen, was der andere gedacht hat, und dass nichts außerhalb seiner Erzählung garantiert, kein universales Wörterbuch sagt, was man verstehen muss. Der Wille errät den Willen. In dieser gemeinsamen Anstrengung nimmt die Definition des Menschen als *eines Willens, dem eine Intelligenz dient*, ihren vollen Sinn an. „Ich denke und ich will mein Denken mitteilen, sogleich verwendet meine Intelligenz mit Geschick irgendwelche Zeichen, sie kombiniert, setzt sie zusammen, analysiert sie und schon gibt es einen Ausdruck, ein Bild, eine materielle Tatsache, die von nun an für mich das Porträt eines Gedankens sein wird, das heißt eine immaterielle Tatsache. Sie wird mich daran erinnern und ich werde an meinen Gedanken jedes Mal denken, wenn ich dieses Porträt sehe. Ich kann also zu mir selbst sprechen, wann ich will. Eines Tages jedoch befinde ich mich einem anderen Menschen gegenüber, ich wiederhole in seiner Gegenwart meine Gesten und Worte, und wenn er will, wird er mich erraten (…) Nur kann man sich nicht durch Worte über die Bedeutung von Worten einigen. Der eine will sprechen, der andere will erraten, das ist alles. Aus diesem Wettstreit der Willen resultiert ein Gedanke, der für zwei Menschen gleichzeitig sichtbar ist. Zuerst existiert er immateriell für den einen, dann sagt er ihn sich selbst, er gibt ihm eine Form für sein Ohr oder für seine Augen, schließlich will er, dass diese Form, dieses materielle Wesen für einen anderen Menschen denselben ursprünglichen Gedanken reproduziert. Diese Schöpfungen oder, wenn man will, diese Metamorphosen sind der Effekt von zwei Willen, die sich gegenseitig helfen. So wird der Gedanke Rede, dann wird diese Rede oder dieses Wort wieder Gedanke; eine Idee wird zu Materie und diese Materie wird zu einer Idee; und das alles ist Wirkung des Willens. Die Gedanken fliegen auf den Flügeln der Rede von einem Geist zum anderen. Jedes Wort wird losgeschickt in der Absicht, einen einzigen Gedanken zu tragen, aber ohne das Wissen dessen, der spricht, und unabhängig von ihm, befruchtet sich diese Rede, dieses Wort, diese Larve durch den Willen des Zuhörers; und der Stellvertreter einer Monade wird das Zentrum einer Sphäre von Ideen, die in alle Richtungen strahlen, sodass der Sprecher, außer dem, was er sagen hat wollen, in Wirklichkeit eine Unendlichkeit anderer Dinge gesagt hat; er hat den Körper einer Idee mit Tinte geformt, und diese Materie, die dazu bestimmt war, mysteriöserweise ein einziges immaterielles Wesen zu umhüllen, enthält tatsächlich eine Welt dieser Wesen, dieser Gedanken."[47]

Vielleicht versteht man jetzt besser den Grund der Wunder des universellen Unterrichts. Die Mittel, mit denen er operiert, sind einfach diejenigen jeder Kommunikationssituation zwischen zwei vernünftigen Wesen. Das Verhältnis zweier Unwissender zum Buch, das sie nicht zu lesen *wissen*, radikalisiert nur die Anstrengung, in jedem Augenblick diese Gedanken in Wörter zu übersetzen und die Wörter in Gedanken rückzuübersetzen. Dieser Wille, der die Operation leitet, ist kein Wundermittel. Er ist das Verlangen zu verstehen und sich verständlich zu machen, ohne welches niemals ein Mensch den Materialitäten der Sprache Sinn geben würde. Man muss „verstehen" in seinem wahren Sinn begreifen: nicht die lächerliche Macht, den Schleier der Dinge zu lüften, sondern die Fähigkeit der Übersetzung, die einen Sprecher mit einem anderen Sprecher konfrontiert. Es ist genau diese Fähigkeit, die dem „Unwissenden" erlaubt, dem Buch sein „stummes" Geheimnis zu entreißen. Es gibt, entgegen der Lehre des *Phaidros*, nicht zwei Arten der Rede, von denen die eine außerstande wäre, „sich selbst zu Hilfe zu kommen", und dazu verdammt wäre, dumm immer dieselbe Sache zu sagen. Jede Rede, ob gesagt oder geschrieben, ist eine Übersetzung, die nur Sinn annimmt in der Rückübersetzung, in der Erfindung der möglichen Gründe des gehörten Tones oder der geschriebenen Spur: Wille zu erraten, der alle Hinweise aufgreift, um zu erfahren, was ihm ein vernünftiges Lebewesen zu sagen hat, das ihn als Seele eines anderen vernünftigen Lebewesens ansieht.

Vielleicht versteht man auch den Skandal besser, der aus *erzählen* und *erraten* die zwei Hauptoperationen der Intelligenz macht. Wahrscheinlich kennen die Wahrheitssager und die höheren Geister andere Arten, den Geist in Materie und Materie in Geist umzuformen. Man versteht, dass sie sie den Profanen verschweigen. Für diese, wie für jedes vernünftige Wesen bleibt also diese Bewegung der Rede übrig, die erkannte und aufrechterhaltene Distanz zur Wahrheit und gleichzeitig Bewusstsein der Menschlichkeit ist, begierig darauf, mit anderen zu kommunizieren und mit ihnen die Ähnlichkeit zu verifizieren. „Der Mensch ist verdammt dazu, zu fühlen und zu schweigen oder, wenn er sprechen will, unaufhörlich zu sprechen, weil er immer vermindernd oder hinzugebend verbessern muss, was er gerade gesagt hat (...) weil, was auch immer man sagt, man sich beeilen muss hinzuzufügen: Das ist es nicht; und da die Verbesserung nicht eher ein Ganzes ist als das erste Sagen, so hat man in diesem Fließen und Zurückfließen ein ewiges Mittel der Improvisation."[48]

Improvisieren ist, wie man weiß, eine der kanonischen Übungen des universellen Unterrichts. Aber es ist zuerst eine Übung der ersten Wirkung unserer Intelligenz, der *poetischen* Wirkung. Unsere Unmöglichkeit, die Wahrheit zu *sagen*, selbst dann, wenn wir sie *fühlen*, lässt uns als Dichter sprechen, Abenteuer unseres Geistes erzählen und verifizieren, dass sie von anderen Abenteurern verstanden werden, unser Gefühl mitteilen und es von anderen fühlenden Wesen geteilt sehen. Die Improvisation ist die Übung, durch welche das menschliche Wesen sich erkennt und sich in seiner Natur als vernünftiges Wesen bestätigt, das heißt als Lebewesen, „das Wörter, Figuren, Vergleiche bildet, um das, was es denkt, seinesgleichen zu erzählen".[49] Die Wikrung unserer Intelligenz ist nicht so sehr, etwas zu wissen, als vielmehr etwas zu machen. „Wissen ist nichts, *Machen* ist alles." Aber dieses Machen ist in fundamentaler Weise ein Akt der Kommunikation. Und dadurch „ist *Sprechen* der beste Beweis der Fähigkeit, alles machen zu können, was auch immer es sei".[50] Im Sprechakt übermittelt der Mensch nicht sein Wissen, er dichtet, er übersetzt und lädt die anderen dazu ein, es ihm gleichzutun. Er kommuniziert als *Handwerker*, als Benutzer von Wörtern wie von Werkzeugen. Der Mensch kommuniziert mit dem Menschen durch die Werke seiner Hände wie mit den Wörtern seiner Rede: „Wenn der Mensch auf die Materie einwirkt, werden die Abenteuer dieses Körpers zur Geschichte der Abenteuer seines Geistes."[51] Und die Emanzipation des Handwerkers ist zuerst die Wiederaneignung dieser Geschichte, das Bewusstsein, dass seine materielle Tätigkeit die Natur der Rede ist. Er kommuniziert als *Dichter*, als Wesen, das sein Denken mitteilbar, seine Emotion teilbar glaubt. Deshalb sind die Übung der Rede und die Auffassung jedes Werkes als Rede in der Logik des universellen Unterrichts eine Bedingung jedes Lernens. Der Handwerker muss von seinen Werken sprechen, um sich zu emanzipieren; der Schüler muss von der Kunst sprechen, die er lernen will. „Von den Werken der Menschen zu sprechen ist das Mittel, die menschliche Kunstfertigkeit zu kennen."[52]

Und auch ich bin Maler!

Daher die sonderbare Methode, mit der der Gründer, neben anderen Verrücktheiten, Zeichnen und Malen lernen lässt. Er fordert zuerst den Schüler auf, über das, was er darstellen wird, zu sprechen. Gegeben sei eine Zeichnung, die man abzeichnen soll. Es ist gefährlich, dem Kind Erklärungen zu geben über das Maß, das es nehmen muss, bevor es sein Werk beginnt. Man kennt den Grund: das Risiko, dass das Kind dadurch seine Unfähigkeit fühlt. Man wird daher dem Willen zu imitieren vertrauen, den das Kind hat. Aber diesen Willen wird man *verifizieren*. Einige Tage bevor man ihm den Bleistift in die Hand gibt, wird man ihm die Zeichnung zum Anschauen geben und man wird es bitten, davon zu berichten und zu sprechen. Vielleicht wird es zuerst wenig sagen, zum Beispiel: „Dieser Kopf ist hübsch." Aber man wird die Übung wiederholen, man wird ihm noch einmal denselben Kopf präsentieren und es bitten, noch einmal hinzusehen und von neuem zu sprechen, auch auf die Gefahr hin, dass es wiederholt, was es bereits gesagt hat. So wird das Kind aufmerksamer, seiner Fähigkeiten bewusster und fähig zu imitieren. Wir kennen den Grund dieses Effektes, der völlig verschieden von der visuellen Einprägung und der gestischen Dressur ist. Was das Kind durch diese Übung *verifiziert* hat, ist, dass die Malerei eine Sprache ist, dass die Zeichnung, die es imitieren soll, zu ihm *spricht*. Später wird man es vor ein Gemälde stellen und von ihm verlangen, über die *Einheit des Gefühls*, das zum Beispiel in dieser Malerei von Poussin gegenwärtig ist, die das Begräbnis des Phokion darstellt, zu improvisieren. Der Kenner ist wahrscheinlich empört. Wie könnt ihr vorgeben zu wissen, dass Poussin das in sein Bild legen wollte? Und was hat dieser hypothetische Diskurs mit der Malkunst von Poussin und mit derjenigen, die der Schüler erreichen soll, zu tun?

Man wird antworten, dass man nicht vorgibt zu wissen, was Poussin machen wollte. Man übt sich nur darin, sich vorzustellen, was er gewollt haben könnte. Man verifiziert somit, dass alles *Machen-Wollen* ein *Sagen-Wollen* ist, und dass sich dieses *Sagen-Wollen* an jedes vernünftige Wesen richtet. Kurz, man verifiziert, dass das *ut poesis pictura*, das die Künstler der Renaissance beansprucht hatten, als sie den Spruch des Horaz umdrehten, nicht das den Künstlern allein reservierte Wissen ist: Die Malerei wie die Bildhauerei, die Graphik oder jede andere Kunst ist eine Sprache, die verstanden und gesprochen werden kann von jedem, der ihre Sprache versteht. In der Kunst übersetzt man dieses „ich kann nicht" gerne mit „das sagt mir nichts". Die Verifizierung der „Einheit des Gefühls", das heißt der Bedeutung, des Sagen-Wollens eines Werkes, wird somit das Mittel der Emanzipation für denjenigen sein, der nicht zu malen „versteht", das exakte Äquivalent zur Verifizierung der Gleichheit der Intelligenzen durch das Buch.

Wahrscheinlich ist man auf diese Weise weit entfernt davon, Meisterwerke zu schaffen. Die Besucher, die die literarischen Werke der Schüler von Jacotot schätzen, verziehen oft das Gesicht vor ihren Zeichnungen und Malereien. Aber es geht nicht darum, große Maler zu machen, es geht darum, Emanzipierte zu machen, Menschen, die fähig sind zu sagen *und auch ich bin Maler*, eine Formel, in die keinerlei Hochmut einfließt, sondern im Gegenteil das richtige Gefühl der Macht jedes vernünftigen Wesens. „Es ist nicht Hochmut darin, laut zu sagen: Und auch ich bin Maler! Der Hochmut besteht darin, leise von den anderen zu sagen: Und auch ihr seid keine Maler!"[53] *Und auch ich bin Maler* bedeutet: Und auch ich habe eine Seele, habe meinesgleichen Gefühle mitzuteilen. Die Methode des universellen Unterrichts ist gleich ihrer Moral: „Man sagt im universellen Unterricht, dass jeder Mensch, der eine Seele hat, beseelt geboren worden ist. Man glaubt im universellen Unterricht, dass der Mensch die Freude und den Schmerz fühlt, und dass es nur von ihm abhängt zu wissen, wann, wie und durch welchen Lauf der Dinge er diese Freude oder diesen Schmerz empfunden hat (…) Mehr noch, der Mensch weiß, dass es andere Wesen gibt, die ihm ähneln und denen er die Gefühle, die er empfindet, mitteilen wird können, vorausgesetzt, er versetzt sich in die Situation, der er seine Freuden und Schmerzen verdankt. Sobald er kennt, was ihn bewegt hat, kann er sich darin üben, die anderen zu rühren, wenn er die Wahl und die Verwendung der Mittel der Mitteilung studiert. Das ist eine Sprache, die er lernen muss."[54]

Man muss *lernen*. Allen Menschen ist diese Fähigkeit gemein, Freude und Schmerz zu empfinden. Aber diese Ähnlichkeit ist für jeden nur eine Virtualität, die zu verifizieren bleibt. Und sie kann es nur durch den langen Weg des Unähnlichen werden. Ich muss die Vernunft meines Denkens, die Menschlichkeit meines Gefühls verifizieren, aber ich kann es nur tun, indem ich sie in diesem Wald von Zeichen, die an sich nichts sagen *wollen*, die mit diesem Gedanken oder diesem Gefühl keinerlei Übereinstimmung haben, auf Abenteuer schicke. Was gut gedacht wird, sagt man nach Boileau, lässt sich klar aussprechen. Dieser Satz bedeutet nichts. Wie alle Sätze, die heimlich vom Denken zur Materie hinübergleiten, drückt er kein intellektuelles Abenteuer aus. Gut denken ist die Eigentümlichkeit des vernünftigen Menschen. Gut aussprechen ist ein Werk eines Handwerkers, das die Übung der Werkzeuge der Sprache voraussetzt. Es stimmt, dass der vernünftige Mensch alles tun kann. Aber er muss noch die Sprache lernen, die jedem der Dinge eigen ist, die er tun will: Schuh, Maschine oder Gedicht. Nehmt zum Beispiel diese zärtliche Mutter, die ihren Sohn aus einem langen Krieg zurückkommen sieht. Sie empfindet eine Ergriffenheit, die ihr nicht erlaubt zu sprechen. Aber „diese langen Umarmungen, diese Umklammerungen einer unruhigen Liebe im Moment des Glücks, einer Liebe, die eine neue Trennung zu fürchten scheint; diese Augen, in denen inmitten der Tränen die Freude leuchtet; dieser Mund, der lächelt, um der zweideutigen Sprache der Tränen als Interpret zu dienen, diese Küsse, diese Blicke, diese Haltung, diese Seufzer, selbst diese Stille"[55], kurz, diese ganze *Improvisation*, ist sie nicht das wortgewaltigste Gedicht? Ihr fühlt die Ergriffenheit. Versucht sie doch mitzuteilen: Man muss die Unmittelbarkeit dieser Ideen und dieser Gefühle, die sich widersprechen und unendlich nuanciert sind, vermitteln, sie in das Dickicht der Wörter und der Sätze reisen lassen. Und das lässt sich nicht erfinden. Denn dann müsste man ein Drittes zwischen der Individualität dieses Gedankens und der gemeinsamen Sprache annehmen. Das wäre nur wieder eine andere

Sprache und wie sollte man ihren Erfinder verstehen? Es bleibt nur übrig zu lernen, in den Büchern die Werkzeuge dieses Ausdrucks zu finden. Nicht in den Büchern der Grammatiker: Sie wissen nichts von dieser Reise. Auch nicht in denen der Redner: Diese versuchen nicht, sich *erraten* zu lassen, sie wollen, dass man ihnen *gehorcht*. Sie wollen nichts sagen, sie wollen befehlen: die Intelligenz binden, den Willen unterwerfen, die Tat erzwingen. Man muss bei denen lernen, die über diesen Abstand zwischen Gefühl und Ausdruck, zwischen der stummen Sprache der Emotion und der Willkür der Sprache gearbeitet haben, danach bei denen, die versucht haben, den stummen Dialog der Seele mit sich selbst hörbar zu machen, die die ganze Glaubwürdigkeit ihres Wortes auf dieser Ähnlichkeit der Geister aufgebaut haben.

Lernen wir also bei diesen Dichtern, die man mit dem Titel Genie auszeichnet. Sie sind es, die uns das Geheimnis dieses imposanten Wortes liefern werden. Das Geheimnis des Genies ist das des universellen Unterrichts: lernen, wiederholen, imitieren, übersetzen, auseinandernehmen, wieder zusammensetzen. Im neunzehnten Jahrhundert beginnen allerdings gewisse Genies, eine mehr als menschliche Inspiration geltend zu machen. Aber die Klassiker essen nicht vom Brot dieser Genialität. Racine schämt sich nicht, das zu sein, was er ist: ein Bedürftiger. Er lernt Euripides und Vergil auswendig *wie ein Papagei*. Er versucht, sie zu übersetzen, er zerlegt die Ausdrücke, setzt sie in anderer Weise wieder zusammen. Er weiß, dass Dichter sein bedeutet, zweimal zu übersetzen: Den Schmerz einer Mutter, den Grimm einer Königin oder die Raserei einer Liebenden in einen französischen Vers zu übersetzen, bedeutet auch, die Übersetzung zu übersetzen, die ein Euripides oder ein Vergil davon gemacht haben. Vom *Hippolytos* von Euripides muss man nicht nur Phaedra *übersetzen*, was sich von selbst versteht, sondern auch Athalie und Josabeth[56]. Denn Racine gibt sich keinen Illusionen darüber hin, was er macht. Er glaubt nicht, er habe von den menschlichen Gefühlen eine bessere Kenntnis als seine Zuschauer. „Wenn Racine das Herz einer Mutter besser kennen würde, verlöre er seine Zeit damit, mir zu sagen, was er darin gelesen hat; ich fände nicht seine Beobachtung in meinen Erinnerungen wieder und ich wäre nicht gerührt. Dieser große Dichter nimmt das Gegenteil davon an; er arbeitet, gibt sich so viel Mühe, streicht ein Wort und ändert einen Ausdruck nur deshalb, weil er hofft, dass alles von seinen Lesern genau so verstanden werde, wie er selbst es versteht."[57] Wie jeder Schöpfer wendet Racine instinktiv die Methode, das heißt die Moral des universellen Unterrichts an. Er weiß, dass es keine Menschen *großer Gedanken* gibt, sondern nur Menschen *großer Ausdrücke*. Er weiß, dass die ganze Macht des Gedichts in zwei Tätigkeiten zusammengefasst ist: die Übersetzung und die Rückübersetzung. Er kennt die Grenzen der Übersetzung und die Macht der Rückübersetzung. Er weiß, dass das Gedicht in gewisser Weise immer die Abwesenheit eines anderen Gedichts ist: dieses stumme Gedicht, das die Zärtlichkeit einer Mutter oder die Raserei einer Liebenden improvisiert. In einigen wenigen Effekten nähert sich das erste dem zweiten so weit an, dass es, wie bei Corneille, dieses in zwei oder drei Silben nachahmt: *Ich* oder aber *Wäre er gestorben!* Der Rest hängt an der Rückübersetzung, die der Zuseher machen wird. Es ist diese Rückübersetzung, die die ergeifende Wirkung des Gedichtes erzeugen wird; es ist diese „Sphäre strahlender Ideen", die die Wörter wiederbeleben wird. Jede Anstrengung, jede Arbeit des Dichters besteht darin, diese Aura um jedes Wort, um jeden Ausdruck hervorzurufen. Deshalb analysiert, zergliedert, übersetzt er die Ausdrücke der anderen, deshalb löscht und korrigiert er ohne Unterlass die seinigen. Er bemüht sich, alles zu sagen, wissend, dass man nicht alles sagen kann, aber dass es diese unbedingte Spannung des *Übersetzers* ist, die die Möglichkeit der anderen Spannung, des anderen Willens öffnet. Die Sprache erlaubt nicht, alles zu sagen, und „ich muss mich an mein eigenes Genie, das Genie aller Menschen halten, um zu erraten, was Racine hat sagen wollen, was er als Mensch sagen würde, was er sagt, wenn er nicht spricht, was er nicht sagen kann, sofern er nur Dichter ist."[58]

Wahre Bescheidenheit des „Genies", das heißt des emanzipierten Künstlers: Er wendet all seine Fähigkeit, all seine Kunst dafür auf, uns sein Gedicht als Abwesenheit eines anderen Gedichtes vorzustellen, das er uns zugesteht, ebenso zu kennen wie er. „Man hält sich für Racine und hat Recht damit.“ Dieser Glaube hat nichts mit der Anmaßung des Gauklers zu tun. Er impliziert weder, dass unsere Verse so viel wert seien wie die Racines, noch, dass sie es bald seien. Er bedeutet vor allem, dass wir verstehen, was Racine uns zu sagen hat, dass seine Gedanken nicht von anderer Art sind als die unseren und dass seine Ausdrücke sich nur durch unsere Rückübersetzung vollenden. Wir wissen zuerst *durch ihn*, dass wir Menschen wie er sind. Und wir kennen gleichfalls durch ihn die Macht der Sprache, die uns dies durch die Willkür der Zeichen wissen lässt. Unsere „Gleichheit“ mit Racine kennen wir als Frucht der Arbeit von Racine. Sein Genie ist es, nach dem Prinzip der Gleichheit der Intelligenzen gearbeitet zu haben, sich nicht für höher als diejenigen zu halten, zu denen er sprach, selbst für die gewirkt zu haben, die ihm vorhersagten, er würde als Mode vorübergehen, wie der Kaffee. Es bleibt uns diese Fähigkeit, durch unsere eigene Arbeit zu verifizieren und zu erobern. Das bedeutet nicht Tragödien, zu machen, die denen Racines gleichen, sondern genauso viel Aufmerksamkeit, genauso viel Erforschung der Kunst aufzuwenden, um zu erzählen, was wir fühlen und es den anderen durch die Willkür der Sprache oder durch die Widerständigkeit aller Materie hindurch mit dem Werk unserer Hände miterleben zu lassen. Die emanzipatorische Lektion des Künstlers, Stück für Stück der verdummenden Lektion des Professors entgegengesetzt, ist diese: Jeder von uns ist Künstler in dem Maße, als er eine zweifache Vorgangsweise wählt; er begnügt sich nicht damit, Mensch eines Berufes zu sein, sondern er will aus jeder Arbeit ein Ausdrucksmittel machen; er begnügt sich nicht damit, zu fühlen, sondern er versucht, das Gefühlte mit anderen zu teilen. Der Künstler braucht die Gleichheit, wie der Erklärende die Ungleichheit braucht. Und er zeichnet so ein Modell einer vernünftigen Gesellschaft, wo selbst das, was außerhalb der Vernunft ist – die Materie, die Zeichen der Sprache – von einem vernünftigen Willen erfüllt wird: zu erzählen und den anderen mitfühlbar zu machen, worin man ihnen ähnlich ist.

Man kann so von einer Gesellschaft von Emanzipierten träumen, die eine Gesellschaft von Künstlern wäre. Eine solche Gesellschaft würde die Trennung zwischen denen, die wissen, und jenen, die nicht wissen, zwischen denen, die über Intelligenz verfügen, und jenen, die nicht über sie verfügen, ablehnen. Sie würde nur tätige Geister kennen: Menschen, die etwas machen, die darüber sprechen, was sie machen, und somit alle ihre Werke in Mittel umformen, Menschlichkeit zu signalisieren, die ihnen wie allen eignet. Solche Menschen wüssten, dass niemand mit mehr Intelligenz geboren wird als sein Nachbar, dass die Überlegenheit, die jemand zeigt, nur die Frucht des Fleißes ist, Wörter zu handhaben, dem leidenschaftlichen Fleiß eines anderen vergleichbar, seine Werkzeuge zu handhaben; dass die Unterlegenheit dieses anderen die Folge von Umständen ist, die ihn nicht gezwungen haben, weiterzusuchen. Kurz, sie wüssten, dass die Perfektion, die dieser oder jener in seiner eigenen *Kunst* zeigt, nur die besondere Anwendung der Macht ist, die allen vernünftigen Wesen gemein ist, diejenige, die jeder erfährt, wenn er sich in den geschlossenen Bereich des Gewissens zurückzieht, wo die Lüge keinen Sinn mehr hat. Sie wüssten, dass die Würde des Menschen unabhängig von seiner Stellung ist, dass „der Mensch nicht für diese oder jene besondere Stellung geboren wurde, sondern dafür, für sich glücklich zu sein, unabhängig von seinem Los“[59], und dass dieser Widerschein des Gefühls, der in den Augen einer Gemahlin, eines Sohnes oder eines teuren Freundes glänzt, für den Blick einer sensiblen Seele genug Gegenstände darstellt, die geeignet sind, ihn zu befriedigen.

Solche Menschen würden sich nicht damit beschäftigen, Phalanstère[60] zu gründen, wo die Bestimmungen den Leidenschaften entsprechen und Gemeinschaften von Gleichen und ökonomische Organisationen harmonisch die Funktionen und Ressourcen verteilen. Um das Menschengeschlecht zu vereinigen, gibt es kein besseres Band als diese allen gleiche Intelligenz. Sie ist das rechte Maß für seinesgleichen, das diese sanfte Neigung des Herzens erleuchtet, die uns dazu führt, uns gegenseitig zu helfen und zu lieben. Sie ist es, die seinesgleichen die Mittel gibt, die Ausdehnung der Dienste zu ermessen, die er von seinesgleichen erhoffen kann und die Mittel vorzubereiten, ihm seine Dankbarkeit zu bezeugen. Aber sprechen wir nicht in der Weise der Utilitaristen. Der hauptsächliche Dienst, den der Mensch vom Menschen erwarten kann, liegt in der Fähigkeit, sich Freude und Schmerz, Hoffnung und Furcht mitzuteilen, um gegenseitig davon berührt zu werden: „Wenn die Menschen nicht die Fähigkeit hätten, eine gleiche Fähigkeit, einander zu rühren und zu besänftigen, würden sie bald einander fremd werden; sie würden sich beliebig über den Globus verstreuen und die Gesellschaften wären aufgelöst (...) Die Übung dieser Fähigkeit ist gleichzeitig die süßeste unserer Freuden wie auch das dringlichste unserer Bedürfnisse."[61]

Fragen wir also nicht, wie die Gesetze dieses Volkes von Weisen aussehen würden, ihre Beamten, ihre Versammlungen und ihre Gerichte. Der Mensch, der der Vernunft gehorcht, braucht weder Gesetze noch Beamte. Die Stoiker wussten dies bereits: Die Tugend, die sich selbst kennt, die Tugend der Selbstkenntnis ist der Schlüssel zu allem anderen. Aber wir wissen, dass diese Vernunft nicht das Privileg der Weisen ist. Vernunftlos sind nur diejenigen, die an der Ungleichheit und an der Herrschaft festhalten, diejenigen, die Vernunft *haben*, das heißt Recht haben[62] wollen. Die Vernunft beginnt da, wo die Reden aufhören, die nur den Zweck haben, Recht zu haben, da, wo die Gleichheit anerkannt ist: nicht als per Gesetz oder durch Macht dekretierte Gleichheit, nicht als passiv erhaltene Gleichheit, sondern als tätige Gleichheit, die *verifiziert* wird von jedem Schritt dieser Marschierenden, die durch ihre konstante Aufmerksamkeit gegenüber sich selbst und ihrem endlosen Kreisen um die Wahrheit geeignete Sätze finden, um von anderen verstanden zu werden.

Man muss daher die Fragen der Spötter umdrehen. Wie, fragen sie, ist eine Sache wie die Gleichheit der Intelligenzen denkbar? Und wie könnte sich der Glaube daran festigen, ohne Unordnung in der Gesellschaft zu verursachen? Man muss umgekehrt fragen, wie die Intelligenz möglich ist ohne Gleichheit. Die Intelligenz ist keine Fähigkeit zu verstehen, die sich selbst darum kümmern würde, ihr Wissen mit seinem Gegenstand zu vergleichen. Sie ist die Fähigkeit, sich verständlich zu machen, die durch die Verifizierung durch den anderen geschieht. Und nur der Gleiche versteht den Gleichen. *Gleichheit* und *Intelligenz* sind Synonyme, so wie *Vernunft* und *Wille.* Diese Synonymie, die die intellektuelle Fähigkeit jedes Menschen begründet, ist auch diejenige, die eine Gesellschaft im Allgemeinen möglich macht. Die Gleichheit der Intelligenzen ist das einigende Band des Menschengeschlechts, die notwendige und zureichende Bedingung dafür, dass eine Gesellschaft von Menschen existiert. „Wenn die Menschen sich als gleich ansehen würden, wäre die Verfassung bald gemacht."[63] Es stimmt, dass wir nicht wissen, dass die Menschen gleich sind. Wir sagen, dass sie es *vielleicht* sind. Das ist unsere Meinung und wir machen es uns zur Aufgabe, sie mit denen zu verifizieren, die glauben wie wir. Aber wir wissen, dass dieses *vielleicht* das ist, wodurch eine Gesellschaft von Menschen möglich ist.

Kapitel IV
Die Gesellschaft der Verachtung

Aber es gibt keine *mögliche* Gesellschaft. Es gibt nur die Gesellschaft, die *ist*. Wir verlieren uns noch in unseren Träumereien, da wird schon an die Tür geklopft. Es ist der Minister für öffentliche Bildung, der Monsieur Jacotot den königlichen Erlass bringt betreffend die Bedingungen, die einzuhalten sind, um auf dem Gebiet des Königreichs eine Schule zu betreiben. Es ist der Offizier, der von der Militärschule von Delft angewiesen ist, Ordnung in dieser sonderbaren militärischen Hochschule von Löwen zu schaffen. Es ist der Briefträger, der die letzte Lieferung der *Annales Academiae Lovaniensis* bringt, die die *oratio* unseres Kollegen Franciscus Josephus Dumbeck enthält, der zum Sturm gegen den *Universellen*, den neuen Verderber der Jugend aufruft: „*Cum porro educatio universum populum amplectatur, cujus virtus primaria posita est in unitatis concentu, perversa methodus hanc unitatem solvit, civitatemque scindit in partes sibi adversas (…) Absit tamen hic a nostra patria furor! Enitendum est studiosis juvenibus, ut literarum et pulchri studio ducti non solum turpem desidiam fugiant ut gravissimum malum; sed ut studeant Pudori illi et Modestiae, jam antiquitus divinis honoribus cultae. Sic tantum optimi erunt cives, legum vindices, bonarum artium doctores, divinorum praeceptorum interpretes, patriae defensores, gentis totius decora (…) Tu quoque haec audi, Regia Majestas! Tibi enim civium tuorum eorumque adeo juvenum, cura demandata est. Officium est sacrum dissipandi ejusmodi magistros, tollendi has scholas umbraticas.*“[64]

Das Königreich der Niederlande ist ein kleiner Staat, aber er ist zivilisiert wie ein großer. Die öffentliche Herrschaft ist besonders um die Erziehung der jungen Seelen und um die Seelenharmonie der Bürger bemüht. Es geht nicht an, dass der Erstbeste hier sein Geschäft eröffnen kann, nicht nur ohne Ausweis seiner Fähigkeiten, sondern sich auch noch damit rühmend zu unterrichten, was er nicht weiß, und damit die Spötter gegen die Lehrmeister, Unterlehrer, Rektoren, Inspektoren, Kommissare oder Minister aufhetzt, die eine etwas höhere Vorstellung von ihren Pflichten der Jugend und der Wissenschaft gegenüber haben. *Absit hic a nostra patria furor!* Sagen wir es auf unsere Weise: „Die Verdummung erhebt ihr scheußliches Haupt und ruft mir zu: Zurück, kopfloser Erneuerer! Die Lebewesen, die du mir entreißen willst, hängen an mir durch unlösliche Bande. Ich bin, was gewesen ist, was ist und was sein wird auf Erden, solange die Seelen in den Körpern von Staub sein werden. Heute weniger als jemals kannst du Erfolg erhoffen. Sie glauben an den Fortschritt und ihre Meinungen sind fest daran geknüpft; ich lache über deine Bemühungen; sie werden nicht vorankommen."[65]

Die Gesetze der Schwerkraft

Wir haben uns darin verloren, die Bahnen zu betrachten, die die denkenden Geister um die Wahrheit ziehen. Aber die Bewegungen der Materie gehorchen anderen Gesetzen: denen der Anziehung und der Schwerkraft. Alle Körper stürzen dumm auf das Zentrum zu. Wir hatten gesagt, dass es gelte, keine Blätter in die Geister einzuführen, nichts Materielles ins Immaterielle. Die Intelligenz folgt also nicht den Gesetzen der Materie. Aber das gilt nur für die Intelligenz jedes Individuums getrennt genommen: Sie ist unteilbar, ohne Gemeinschaft, ohne Teilung. Sie kann daher nicht die Eigenschaft einer Menge sein, andernfalls wäre sie nicht mehr die Eigenschaft der Teile. Man muss daraus schließen, dass die Intelligenz nur in den Individuen ist, aber nicht in deren *Vereinigung*. „Die Intelligenz ist in jeder intellektuellen Einheit; die Vereinigung dieser Einheiten ist notwendigerweise träge und ohne Intelligenz (...) In der Zusammenarbeit von zwei intellektuellen Molekülen, die man Menschen nennt, gibt es zwei Intelligenzen;

sie sind von derselben Natur, aber es ist keine einheitliche Intelligenz, die dieser Zusammenarbeit vorsteht. In der Materie belebt die Schwerkraft als einheitliche Kraft die Masse und die Moleküle; in der Klasse der intellektuellen Wesen leitet die Intelligenz nur die Individuen: Ihre Vereinigung fällt unter die Gesetze der Materie."[66]

Wir haben gesehen, wie vernünftige Individuen die Schichten der sprachlichen Materialität durchqueren, um sich gegenseitig ihr Denken mitzuteilen. Aber dieser Austausch ist nur möglich auf der Basis dieses umgekehrten Verhältnisses, das die Vereinigung der Intelligenzen den Gesetzen jeder Versammlung unterwirft, jenen der Materie. Hier ist der materielle Angelpunkt der Verdummung: Die immateriellen Intelligenzen können nur *verbunden* werden, indem sie sich den Gesetzen der Materie unterwerfen. Die jeder Intelligenz eigene freie Umkreisung des abwesenden Sterns der Wahrheit, der ferne Flug der freien Kommunikation auf den Flügeln des Wortes wird behindert, abgelenkt von der universellen Gravitation auf das Zentrum des materiellen Universums hin. Es ist, als ob die Intelligenz in einer dualen Welt leben würde. Und vielleicht muss man der Hypothese der Manichäer ein wenig Glauben schenken: Sie sahen in der Schöpfung eine Unordnung und sie erklärten sie durch den Wettstreit zweier Intelligenzen. Es gibt nicht einfach ein Prinzip des Guten und ein Prinzip des Bösen. Nur machen, grundsätzlicher gedacht, zwei intelligente Prinzipien nicht *eine* intelligente Schöpfung aus. Zur selben Zeit, als der Vicomte de Bonald die Restauration der göttlichen Intelligenz, der Ordnungskraft der Sprache und der menschlichen Gesellschaft proklamierte, waren einige Männer des Fortschritts versucht, sich dagegen der Hypothesen der Häretiker und Manichäer zu erinnern. Sie verglichen die Macht der Intelligenz, die von den Gelehrten und den Erfindern an den Tag gelegt wird, mit den Sophismen und den Tumulten der beratenden Versammlungen, und wollten darin die Wirkung von zwei entgegengesetzten Prinzipien sehen. So ist es für Jeremy Bentham und für seinen Schüler James Mill, die Zeugen der Verrücktheit der englischen konservativen Versammlungen sind, wie für Joseph Jacotot, Zeuge der Verrücktheit der französischen revolutionären Versammlungen.

Aber beschuldigen wir die fehlende Gottheit nicht zu früh und entschuldigen wir die Protagonisten dieser Verrücktheiten nicht zu leichtfertig. Vielleicht muss man lediglich die Hypothese vereinfachen: Die Gottheit ist einfach, es ist das Geschöpf, das zweifaltig ist. Die Gottheit hat dem Geschöpf einen Willen und eine Intelligenz gegeben, um auf die Bedürfnisse seiner Existenz zu antworten. Sie hat sie den Individuen, nicht der Gattung gegeben. Die Gattung braucht weder den einen noch die andere. Sie braucht nicht auf ihre Erhaltung zu schauen. Es sind die Individuen, die sie erhalten. Nur sie haben einen vernünftigen Willen nötig, um die Intelligenz, die in seinem Dienste steht, frei zu leiten. Man hat hingegen keine Vernunft von der gesellschaftlichen Gesamtheit zu erwarten. Sie ist, weil sie ist, das ist alles. Und sie kann nur willkürlich sein. Es gibt, das wissen wir, einen Fall, in welchem sie in der Natur gegründet sein hätte können: im Fall der Ungleichheit der Intelligenzen. In diesem Fall, so haben wir gesehen, wäre die gesellschaftliche Ordnung natürlich. „Die menschlichen Gesetze, die Gesetze der Übereinkunft, wären nicht nötig, um sie zu erhalten. Der Gehorsam gegenüber diesen Gesetzen wäre weder eine Pflicht noch eine Tugend; er leitete sich von der überlegenen Intelligenz der Kadis und der Janitscharen ab und diese Gattung würde aus demselben Grund befehlen, aus dem der Mensch über die Tiere herrscht.“[67]

Wir können leicht feststellen, dass dem nicht so ist. Also kann nur die Konvention in der sozialen Ordnung herrschen. Aber ist die Konvention notwendig unvernünftig? Wir haben gesehen, dass die Willkür der Sprache nichts gegen die Vernünftigkeit der Kommunikation ausrichten konnte. Man könnte sich daher eine andere Hypothese vorstellen: diejenige, nach der jeder der individuellen Willen, die das Menschengeschlecht ausmachen, vernünftig wäre. In diesem Fall wäre es ganz so, als ob das Menschengeschlecht selbst vernünftig wäre. Die Willen würden sich harmonisieren und die menschlichen Versammlungen würden einer geraden Linie folgen, ohne Erschütterung, ohne Abweichung, ohne Verirrung. Aber wie vereint man eine derartige Uniformität mit der Freiheit der individuellen Willen, von denen jeder einzelne, wie es ihm gefällt, von der Vernunft Gebrauch machen kann oder auch nicht? „Der Moment der Vernunft für ein Korpuskel ist nicht dasselbe wie für die benachbarten Atome. Es gibt, zu einem gegebenen Zeitpunkt, immer Vernunft, Unüberlegtheit, Leidenschaft, Ruhe, Aufmerksamkeit, Wachen, Schlaf, Bewegungen in alle Richtungen; *folglich* ist zu einem gegebenen Zeitpunkt eine Korporation, eine Nation, eine Gattung, ein Geschlecht zugleich in der Vernunft und in der Unvernunft, und das Resultat hängt nicht vom Willen dieser Masse ab. *Folglich*: Weil jeder Mensch frei ist, ist eine Vereinigung von Menschen nicht frei.“[68]

Der Gründer hat seine *folglich* unterstrichen: Es ist keine unbestreitbare Wahrheit, was er uns entwickelt, es ist eine Annahme, ein Abenteuer seines Geistes, das er aufgrund von Tatsachen, die er beobachtet hat, erzählt. Wir haben bereits gesehen, dass der Geist, die Allianz von Willen und Intelligenz, zwei grundlegende Modalitäten kennt, die Aufmerksamkeit und die Unaufmerksamkeit. Es genügt, dass es Unaufmerksamkeit gibt, dass die Intelligenz sich gehen lässt, dass sie von der Schwerkraft der Materie fortgerissen wird. So erklären gewisse Philosophen und Theologen die Ursünde zu einer einfachen Unaufmerksamkeit. In diesem Sinne können wir mit ihnen sagen, dass das Böse nur Abwesenheit ist. Aber wir wissen auch, dass diese Abwesenheit eine Weigerung ist. Der Unaufmerksame *sieht nicht, wieso* er aufmerksam sein sollte. Die Unaufmerksamkeit ist zuallererst Faulheit, Verlangen, sich der Anstrengung zu entziehen. Aber die Faulheit selbst ist nicht die Trägheit des Fleisches, sondern sie ist die Tätigkeit eines Geistes, der seine eigene Macht verachtet. Die vernünftige Kommunikation ist auf der Gleichheit zwischen der Selbstschätzung und der Schätzung der anderen gegründet. Sie arbeitet mit der fortlaufenden Verifizierung dieser Gleichheit. Die Faulheit, die die Intelligenzen der materiellen Schwerkraft überlässt, hat die Verachtung zum Prinzip. Diese Verachtung versucht, sich als Bescheidenheit auszugeben: *Ich kann nicht*, sagt der Unwissende, der sich der Aufgabe zu lernen entziehen will. Wir wissen aus Erfahrung, was diese Bescheidenheit bedeutet. Die Verachtung seiner selbst ist immer genauso Verachtung der anderen. *Ich kann nicht*, sagt der Schüler, der seine Improvisation nicht dem Urteil von seinesgleichen aussetzen will. Ich verstehe ihre Methode nicht, sagt der Gesprächspartner, ich bin nicht kompetent, ich kenne mich da nicht aus. Ihr versteht schnell, was er sagen will: „Das hat keinen verständlichen Sinn, denn ich verstehe es nicht; ein Mann wie ich!“[69] So geht es zu allen Zeiten und auf allen Ebenen der Gesellschaft zu. „Diese Wesen, die vorgeben, von der Natur benachteiligt zu sein, wollen nur Ausreden, um sich von dem Studium zu befreien, das ihnen missfällt, von der Übung, zu der sie keine Lust haben. Wollt ihr davon überzeugt sein? Wartet einen Moment, lasst sie sprechen; hört ihnen bis zum Schluss zu. Nach der rhetorischen Vorsicht dieser bescheidenen Person, die sagt, sie hätte keinen poetischen Geist, hört ihr, welch Festigkeit des Urteils sie sich zuspricht? Welche Klarsichtigkeit sie auszeichnet! Nichts entgeht ihr: Wenn ihr sie lasst, vollzieht sich schließlich die Verwandlung; und schon ist die Bescheidenheit in Stolz verwandelt. Es gibt davon Beispiele aus jedem Dorf und aus jeder Stadt. Man erkennt die Überlegenheit des anderen in einem Bereich an, um sich die eigene in einem anderen Bereich anerkennen zu lassen, und es ist nicht schwer zu sehen, dass in der Folge des Gesprächs unsere Überlegenheit in unseren Augen immer damit endet, die höhere Überlegenheit zu sein.“[70]

Die Leidenschaft der Ungleichheit

Als Grund der Unaufmerksamkeit, die die Intelligenz sich der Macht der Materie fügen lässt, kann man also eine einzige Leidenschaft festmachen: die Verachtung, die Leidenschaft der Ungleichheit. Es ist nicht die Liebe zum Reichtum, noch zu irgendeinem anderen Gut, die den Willen pervertiert, es ist das Bedürfnis, unter dem Zeichen der Ungleichheit zu denken. Hobbes hat darüber ein Gedicht verfasst, das *aufmerksamer* ist als jenes von Rousseau: Das gesellschaftliche Übel stammt nicht vom Ersten, dem es einfiel zu sagen: „Dies gehört mir“, es kommt vom Ersten, dem es einfiel zu sagen „Du bist nicht meinesgleichen". Die Ungleichheit ist nicht Folge von etwas, sie ist eine ursprüngliche Leidenschaft; oder, genauer gesagt, sie hat keinen anderen Grund als die Gleichheit. Die Leidenschaft der Ungleichheit ist das Schwindelgefühl angesichts der Gleichheit, die Faulheit angesichts der unendlichen Aufgabe, die sie verlangt, die Furcht vor dem, was ein vernünftiges Wesen sich selbst schuldet. Es ist einfacher, sich zu *vergleichen*, den gesellschaftlichen Austausch als Tauschhandel von Ruhm und Verachtung einzurichten, wo jeder eine Überlegenheit erhält im Austausch gegen eine Unterlegenheit, die er bekennt. So mündet die Gleichheit der vernünftigen Wesen in die gesellschaftliche Ungleichheit. Um im Sprachbild der Kosmologie zu bleiben, werden wir sagen, dass es die Leidenschaft des *Übergewichts* ist, die den freien Willen dem materiellen System der Schwerkraft unterworfen hat, die den Geist in die blinde Welt der Schwerkraft hat stürzen lassen. Die Unvernunft der Ungleichheit lässt das Individuum auf sich selbst, auf die unvergleichliche Immaterialität seines Wesens verzichten, und erzeugt die Anhäufung als Ergebnis und Herrschaft der kollektiven Fiktion. Die Liebe zum Herrschen zwingt die Menschen, sich voreinander in einer konventionellen Ordnung zu schützen, die nicht vernünftig sein kann, weil sie nur in der Unvernunft eines jeden, in dieser Unterwerfung unter das Gesetz des Anderen besteht, das fatalerweise die Begierde, ihm überlegen zu sein, erzeugt. „Dieses Wesen unserer Vorstellung, das wir das Menschengeschlecht nennen, setzt sich aus der Verrücktheit jedes Einzelnen von uns zusammen, ohne an unserer individuellen Weisheit teilzuhaben."[71]

Klagen wir also nicht die blinde Notwendigkeit an oder das unglückliche Schicksal der Seele, die in einen Körper aus Staub gefangen und der bösen Gottheit der Materie unterworfen ist. Weder gibt es eine böse Gottheit noch unheilvolle Masse noch radikal Böses. Es gibt nur diese Leidenschaft oder Fiktion der Ungleichheit, die ihre Konsequenzen entwickelt. Deshalb wird man die gesellschaftliche Unterwerfung auf zwei anscheinend gegensätzliche Weisen beschreiben können. Man wird sagen können, dass die soziale Ordnung einer unwiderruflichen materiellen Notwendigkeit unterworfen ist, dass sie sich wie die Planeten nach den ewigen Gesetzen, die kein Individuum ändern kann, richtet. Aber man wird genauso auch sagen können, dass sie nur Fiktion ist. Alles, was Geschlecht, Gattung, Korporation ist, hat keine Wirklichkeit. Nur die Individuen sind wirklich, nur sie haben einen Willen und eine Intelligenz, und die Gesamtheit der Ordnung, die sie dem Menschengeschlecht, den Gesetzen der Gesellschaft und den diversen Obrigkeiten unterwirft, ist nur eine Schöpfung der Einbildungskraft. Diese zwei Redensweisen laufen auf dasselbe hinaus: Es ist die Unvernunft jedes Einzelnen, die diese erdrückende Masse oder diese lächerliche Fiktion erschafft und immer wieder von neuem erschafft, der jeder Bürger seinen Willen unterwerfen muss, aber der seine Intelligenz zu entziehen jeder Mensch die Mittel hat. „Was wir machen, was wir im Gericht wie auf der Rednertribüne wie im Krieg sagen, ist durch Annahmen geregelt. Alles ist Fiktion: Nur das Bewusstsein und die Vernunft eines jeden von uns sind unveränderlich. Der Gesellschaftszustand ist übrigens auf diese Prinzipien gegründet. Wenn der Mensch der Vernunft, den Gesetzen, den Beamten gehorchen würde, wäre alles unnötig; aber die Leidenschaften reißen ihn fort, er wird dafür in erniedrigender Weise bestraft. Jeder von uns ist gezwungen, bei einem Unterstützung gegen einen anderen zu suchen (…) Es ist offensichtlich, dass von dem Moment an, da die Menschen sich in einer Gesellschaft vereinigen, um darin Schutz voreinander zu suchen, dieses gegenseitige Bedürfnis eine Entfremdung der Vernunft ankündigt, die kein vernünftiges Resultat verspricht. Was kann die Gesellschaft anderes tun, als uns an den unglücklichen Zustand zu ketten, zu dem wir uns selbst verdammen!“[72]

So ist die gesellschaftliche Welt nicht einfach die Welt der Nicht-Vernunft, sie ist die der Unvernunft, das heißt einer Aktivität des pervertierten Willens, der von einer Leidenschaft der Ungleichheit besessen ist. Fortlaufend reproduzieren die Individuen, indem sie sich durch den *Vergleich* aneinander *binden*, diese Unvernunft, diese Verdummung, die die Institutionen kodifizieren und die die Erklärenden in den Gehirnen verfestigen. Diese Produktion der Unvernunft ist eine Arbeit, für die die Individuen ebenso viel Kunst und Intelligenz aufwenden, wie sie es für die vernünftige Kommunikation der Werke ihres Geistes tun würden. Nur ist diese Arbeit eine Trauerarbeit. Der Krieg ist das Gesetz der gesellschaftlichen Ordnung. Aber stellen wir uns unter diesem Namen des Krieges keine Fatalität der materiellen Kräfte vor, keine Aufwiegelung von Horden, die von bestialischen Instinkten beherrscht sind. Der Krieg ist wie jedes menschliche Werk zuallererst ein Sprechakt. Aber dieses Sprechen lehnt diesen Hof leuchtender Ideen des Rückübersetzers ab, der eine andere Intelligenz und eine andere Rede hervorruft. Der Wille wird dabei nicht mehr angestrengt, um zu erraten und sich erraten zu lassen. Er nimmt sich das Schweigen, die Abwesenheit einer Antwort des anderen, den Fall des Geistes in die materielle Anhäufung der Zustimmung zum Ziel.

Der pervertierte Wille hört nicht auf, die Intelligenz anzuwenden, aber er tut dies auf der Basis einer grundsätzlichen *Unaufmerksamkeit*. Er gewöhnt die Intelligenz daran, nur das zu *sehen*, was zum Übergewicht befähigt, was dazu dient, die Intelligenz des anderen zu annullieren. Das Universum der gesellschaftlichen Unvernunft setzt sich aus Willen zusammen, denen Intelligenzen dienen. Aber jeder dieser Willen stellt sich die Aufgabe, einen anderen Willen zu zerstören, indem er eine andere Intelligenz daran hindert, zu sehen. Und wir wissen, dass dieses Resultat nicht schwierig zu erreichen ist. Es genügt, die radikale Äußerlichkeit der Ordnung der Sprache in Bezug auf die Ordnung der Vernunft geltend zu machen. Diese Äußerlichkeit kontrollierte der vernünftige Wille, der von seiner entfernten Verbindung zur Wahrheit und von seinem Willen, zu seinesgleichen zu sprechen, geleitet wird, und er erfasste sie durch die Kraft der Aufmerksamkeit. Der unaufmerksame Wille, der den Weg der Gleichheit verlassen hat, wird sie auf entgegengesetzte, auf rhetorische Weise nutzen, um die Anhäufung der Geister, ihren Fall ins Universum der materiellen Anziehung zu beschleunigen.

Der rhetorische Wahnsinn

Was für eine Macht hat doch die Rhetorik, diese Kunst zu *vernünfteln*, die sich bemüht, die Vernunft unter ihrem Anschein zu vernichten! Seit die Revolutionen Englands und Frankreichs die Macht der beratenden Versammlungen wieder ins Zentrum des politischen Lebens gestellt haben, haben neugierige Geister die große Frage von Platon und Aristoteles über die Macht des Falschen, die die Macht des Wahren imitiert, erneuert. So hat 1816 der Genfer Etienne Dumont die französische Übersetzung der *Abhandlung über die parlamentarischen Sophismen* seines Freundes Jeremy Bentham geliefert. Jacotot nennt dieses Buch nicht. Man fühlt hingegen die Spuren davon in jenen Passagen von *Muttersprache*, die der Rhetorik gewidmet sind. Wie Bentham stellt Jacotot die Unvernunft der beratenden Versammlungen ins Zentrum seiner Analyse. Die Lexik, die er benutzt, ist nahe derjenigen von Dumont. Und seine Analyse der falschen Bescheidenheit erinnert an das Kapitel von Bentham über das Argument *ad verecundiam*.[73] Aber wenn es auch dieselbe Komödie ist, deren Räderwerk der eine wie der andere aufdeckt, so ist doch der Blickwinkel, von dem aus sie das tun, und die Moral, die sie daraus ziehen, radikal verschieden. Bentham polemisiert gegen die konservativen englischen Versammlungen. Er zeigt die verheerenden Wirkungen des unterschiedlich kostümierten Autoritätsargumentes, mithilfe dessen die Nutznießer der existierenden Ordnung sich gegen jede fortschrittliche Reform stellen. Er deckt die Allegorien auf, die die existierende Ordnung verewigen, die Wörter, die je nach Bedarf einen schmeichelnden oder verdunkelnden Schleier über die Dinge werfen, die Sophismen, die dazu dienen, jeden Reformvorschlag als Aufruf zur Anarchie misszuverstehen. Für ihn erklären sich die Sophismen durch das Spiel der Interessen und ihr Erfolg durch die Intelligenzschwäche der Rasse der Parlamentarier und durch den Zustand der Unfreiheit, in dem sie die Obrigkeit hält. Das heißt, dass uneigennützige Menschen, die durch die Freiheit des vernünftigen Denkens gebildet sind, sie wirkungsvoll bekämpfen können. Und Dumont, der weniger feurig als sein

Freund ist, besteht auf dieser vernünftigen Hoffnung, die die Entwicklung der Moral derjenigen der Naturwissenschaften angleichen möchte. „Gibt es nicht in der Moral wie in der Physik Irrtümer, die die Philosophie verschwinden lässt? (…) Es ist möglich, die falschen Argumente so zu diskreditieren, dass sie nicht mehr wagen, sich zu zeigen. Ich will hier als Beweis nur die selbst in England so lange in Ehren gehaltene Doktrin vom göttlichen *Recht* der Könige und vom *passiven Gehorsam* der Völker anführen."[74]

Es ist somit möglich, im Theater der Politik selbst die Prinzipien der uneigennützigen Vernunft den Sophismen der Privatinteressen entgegenzustellen. Das verlangt nach einer Kultur der Vernunft, die die Genauigkeit ihrer Bezeichnungen jenen Analogien, Metaphern und Allegorien entgegensetzt, die in den Bereich der Politik eingedrungen sind, Wesen aus Wörtern geschaffen, absurde Argumentationen mit Hilfe dieser Wörter geschmiedet und somit den Schleier des Vorurteils über die Wahrheit geworfen haben. So „hat der figürliche Ausdruck des *politischen Körpers* eine große Anzahl falscher und bizarrer Vorstellungen produziert. Eine nur auf Metaphern gegründete Analogie hat als Ausgangsbasis für angebliche Argumente gedient, und die Poesie ist in den Herrschaftsbereich der Vernunft eingedrungen."[75] Es ist möglich, diese figürliche Sprache, diese Sprache der Religion und der Poesie, deren Figürlichkeit dem unvernünftigen Interesse all seine Verkleidungen erlaubt, einer wahren Sprache gegenüberzustellen, in der die Wörter genau mit den Ideen übereinstimmen.

Jacotot lehnt einen derartigen Optimismus ab. Es gibt keine Sprache der Vernunft. Es gibt nur eine Kontrolle der Vernunft über die Intention zu sprechen. Die poetische Sprache, die sich als solche versteht, befindet sich nicht im Widerspruch zur Vernunft. Im Gegenteil, sie erinnert jedes sprechende Subjekt daran, die Erzählung der Abenteuer seines Geistes nicht für die Stimme der Wahrheit zu halten. Jedes sprechende Subjekt ist der Dichter seiner selbst wie der Dinge. Zur Perversion kommt es, wenn diese Dichtung sich für etwas anderes als ein Gedicht ausgibt, wenn es sich als Wahrheit durchsetzen will und zur Tat zwingt. Die Rhetorik ist eine pervertierte Poetik. Das bedeutet auch, dass man in der Gesellschaft nicht aus der Fiktion heraustreten kann. Die Metapher hängt mit der ursprünglichen Abdankung der Vernunft zusammen. Der politische Körper ist eine Fiktion, aber eine Fiktion ist kein figürlicher Ausdruck, dem man eine exakte Definition der gesellschaftlichen Vereinigung entgegensetzen könnte. Es gibt wohl eine Logik der Körper, der sich niemand *als politisches Subjekt* entziehen kann. Der Mensch kann vernünftig sein, der Bürger kann es nicht. Es gibt keine vernünftige Rhetorik, keinen vernünftigen politischen Diskurs.

Das Prinzip der Rhetorik, so hatten wir gesagt, ist der Krieg. Man sucht dabei nicht das Verständnis, nur die Vernichtung der gegnerischen Vernunft. Die Rhetorik ist eine Rede, die gegen die poetische Verfasstheit des sprechenden Wesens revoltiert. Sie spricht, um zum Schweigen zu bringen. *Du wirst nicht mehr sprechen, du wirst nicht mehr denken, du wirst tun, was ich sage*, das ist ihr Programm. Ihre Wirksamkeit impliziert ihre eigene Aufhebung. Die Vernunft befiehlt, immer zu sprechen, die rhetorische Unvernunft spricht nur, um den Augenblick des Schweigens zu erreichen. Der Moment der Tat, sagt man gerne, zu Ehren dessen, der das Wort zur Tat macht. Aber dieser Augenblick ist wohl eher einer des Mangels an Tätigkeit, der abwesenden Intelligenz, des gebeugten Willens der alleinig dem Gesetz der Schwerkraft unterworfenen Menschen. „Die Erfolge des Redners sind das Werk des Augenblicks; er erzwingt ein Dekret, wie er eine Festung erobert (…) Die Länge der Satzgefüge, die literarische Ordnung, die Eleganz, all diese stilistischen Dinge machen nicht die Qualität einer solchen Rede aus. Es ist ein Satz, ein Wort, manchmal ein Akzent, eine Geste, die dieses verschlafene Volk aufgeweckt und diese Masse aufgestachelt hat, die ihres eigenen Gewichts wegen immer zur Trägheit neigt. Solange Manlius auf den Capitol zeigen konnte, rettete ihn diese Geste. Sobald Phokion die Gelegenheit ergreifen konnte, einen Satz zu sagen, war Demosthenes geschlagen. Mirabeau hatte es verstanden, er dirigierte seine Bewegungen, er befahl Ruhe durch Sätze und durch Worte; man antwortete ihm in drei Punkten, er erwiderte, er diskutierte sogar lange, um Schritt für Schritt die Stimmung zu ändern; dann ließ er plötzlich die parlamentarischen Gewohnheiten außer Acht und schloss die Diskussion mit einem Wort. Wie lange auch immer die Rede eines Redners sei, es sind nicht diese Entwicklungen, die den Sieg bringen: Der kleinste Gegner wird Halbsätzen Halbsätze, Entwicklungen Entwicklungen entgegenhalten. Der Redner ist derjenige, der triumphiert; es ist derjenige, der das Wort, den Satz ausgesprochen hat, der die Waagschale zu seinen Gunsten sich neigen lässt."[76]

Man sieht, dass sich diese Überlegenheit selbst verurteilt: Sie ist diejenige der Schwerkraft. Der überlegene Mensch, der bewirkt, dass die Waagschale sich neigt, wird immer derjenige sein, der die genaueste Ahnung davon hat, wann und wie sie sich neigen wird. Derjenige, der die anderen sich am tiefsten beugen lässt, ist derjenige, der sich selbst am tiefsten beugt. Indem er sich seiner eigenen Unvernunft unterwirft, lässt er die Unvernunft der Masse triumphieren. Sokrates lehrte bereits Alkibiades wie Kallikles: Wer Herr des Volkes sein will, ist gezwungen, sein Sklave zu sein. Alkibiades kann sich über die dümmliche Person eines Schusters, den er in seiner Bude sieht, lustig machen und boshaft über die Dummheit *solcher Leute da* reden, der Philosoph wird sich begnügen, ihm zu entgegnen: „Warum sind Sie nicht mehr so entspannt, wenn Sie vor solchen Leuten da reden müssen?"[77]

Die höheren Niedrigen

Das war früher so, wird der höhere Geist sagen, der an die ernsten Reden in den Zensusversammlungen gewöhnt ist; das galt für diese demagogischen Versammlungen, die sich aus dem Abschaum des Volkes zusammensetzten und sich, beeinflussbar wie sie waren, einmal Demosthenes und dann wieder Aischines zuwandten. Besehen wir die Dinge jedoch näher. Diese *Dummheit*, die das athenische Volk dem Aischines und kurz darauf dem Demosthenes zutreibt, hat einen genau bestimmbaren Inhalt. Was es abwechselnd dem einen oder dem anderen gegenüber nachgiebig macht, ist nicht seine Unwissenheit oder seine Charakterlosigkeit. Der eine oder der andere versteht es am besten, in diesem Moment die spezifische Dummheit der Athener zu verkörpern: das Gefühl ihrer offensichtlichen Überlegenheit über das dumme Volk der Thebaner. Kurz, der Antrieb, mit dem man die Massen bewegt, ist derselbe, der die höheren Geister belebt, ist derselbe, der die Gesellschaft um sich selbst drehen lässt, von Generation zu Generation: das Gefühl der Ungleichheit der Intelligenzen – dieses Gefühl, das die höheren Geister auszeichnet, nur um sie einem universellen Glauben anhängen zu lassen. Heute noch gilt, dass das, was es dem Denker erlaubt, den Arbeiter zu verachten, dasselbe ist, was den Arbeiter den Bauer verachten lässt, den Bauer seine Frau, seine Frau die Frau des Nachbarn und so fort ins Unendliche. Die gesellschaftliche Unvernunft wird zusammengefasst in der Formel, die man das Paradox der *höheren Niedrigen* nennen könnte: Jeder ist darin demjenigen unterworfen, den er sich als niedriger vorstellt, dem Gesetz der Masse unterworfen gerade durch seine Anmaßung, sich von ihr zu unterscheiden.

Stellen wir also diesen demagogischen Versammlungen nicht die abwägende Ausgeglichenheit der Versammlungen ernster und respektabler Würdenträger gegenüber. Überall, wo sich Menschen auf der Basis ihrer Überlegenheit zusammenfinden, liefern sie sich dem Gesetz der materiellen Massen aus. Eine oligarchische Versammlung, eine Vereinigung von „Ehrenmännern“ oder von „Kapazitäten“ wird also noch unfehlbarer dem dummen Gesetz der Materie gehorchen als eine demokratische Versammlung. „Ein Senat hat eine bestimmte Gangart, die er nicht selbst ändern kann, und der Redner, der die Mitglieder des Senats dazu bringt, ihm zu folgen, übertrumpft immer alle anderen.“[78] Appius Claudius, der Mann der absoluten Gegnerschaft gegenüber jeder Bitte des Plebs, war der Senatsredner par excellence, weil er besser als alle anderen die Unbeugsamkeit der Bewegung begriffen hatte, die die Köpfe der römischen Elite in „ihre“ Richtung drängte. Seine rhetorische Maschine, die Maschine der höheren Menschen, geriet, wie man weiß, nur einmal ins Stottern:

an dem Tag, als die Plebejer sich auf dem Aventin versammelten. An diesem Tag bedurfte es, um die Lage zu retten, eines Verrückten, das heißt eines vernünftigen Menschen, der fähig war zu dieser einem Appius Claudius unmöglichen und unverständlichen Extravaganz: zu den Plebejern zu gehen, um ihnen zuzuhören, und damit voraussetzend, dass ihr Mund vernünftige Laute und nicht bloß Lärm produzierte; mit ihnen zu reden, und damit annehmend, dass sie die Intelligenz hätten, die Worte der höheren Geister zu verstehen; kurz, sie als gleichfalls vernünftige Wesen anzusehen.

Die Lehrfabel vom Aventin verweist auf das Paradox der Fiktion der Ungleichheit: Die gesellschaftliche Ungleichheit ist nur auf der Grundlage der ursprünglichen Gleichheit der Intelligenzen denkbar und möglich. Die Ungleichheit kann sich nicht selbst denken. Umsonst rät selbst Sokrates dem Kallikles, um den Herren-Sklaven-Zirkel zu verlassen, die wahre Gleichheit, die Verhältnis ist, zu erlernen und somit in den Kreis derer einzutreten, die die Gerechtigkeit von der Geometrie her denken. Überall, wo es Kasten gibt, liefert der „Höhere" seine Vernunft dem Gesetz des Niedrigeren aus. Eine Versammlung von Philosophen ist ein träger Körper, der sich um die Achse seiner eigenen Unvernunft, der Unvernunft von allen dreht. Umsonst versucht die Gesellschaft der Ungleichheit, sich selbst zu verstehen, sich natürliche Grundlagen zu geben. Gerade weil es keinen natürlichen Grund der Herrschaft gibt, herrscht die Konvention, und sie herrscht absolut. Diejenigen, die die Herrschaft durch die Überlegenheit erklären, verfallen der alten Aporie: Der Überlegene hört auf, überlegen zu sein, wenn er aufhört, zu beherrschen. Der Duc de Lévis, Mitglied der Akademie und Pair de France, ist wegen der sozialen Folgen des Systems Jacotot beunruhigt: Wenn man die Gleichheit der Intelligenzen proklamiert, wie sollen die Frauen da noch ihren Männern und die Bürger ihren Behörden gehorchen? Wenn der Duc nicht *unaufmerksam* wäre wie alle höheren Geister, würde er bemerken, dass es sein System der Ungleichheit der Intelligenzen ist, das die gesellschaftliche Ordnung untergräbt. Wenn die Autorität von der intellektuellen Überlegenheit abhängt, was passiert dann an dem Tag, an dem ein

Bürger, der auch von der Ungleichheit der Intelligenzen überzeugt ist, in seinem Präfekten einen Dummkopf sehen wird? Wird man nicht die Minister und Präfekten, Bürgermeister und Bürovorsteher prüfen müssen, um ihre Überlegenheit zu beweisen? Und wie versichert man sich, dass sich niemals irgendein Dummkopf unter sie mischt, dessen erkannte Schwäche den Ungehorsam der Bürger zur Folge hätte?

Nur die Parteigänger der Gleichheit der Intelligenzen können dies verstehen: Wenn diesem Kadi seine Sklaven gehorchen und jedem Weißen seine Neger, so deshalb, weil er weder höher noch niedriger an Intelligenz ist. Wenn die Umstände und die Konventionen die Menschen trennen und hierarchisieren, das Befehlen hervorbringen und den Gehorsam erzwingen, so deshalb, weil nur sie es tun können. „Gerade weil wir alle von Natur aus gleich sind, müssen wir durch die Umstände alle ungleich sein."[79] Die Gleichheit ist der einzige Grund der Ungleichheit. „Die Gesellschaft existiert nur durch die Unterschiede, und die Natur kennt nur Gleichheiten. Es ist unmöglich, dass die Gleichheit tatsächlich lange Bestand hat; aber selbst wenn sie zerstört wird, bleibt sie noch immer die einzige vernünftige Erklärung der konventionellen Unterschiede."[80]

Die Gleichheit der Intelligenzen bewirkt noch mehr für die Ungleichheit: Sie beweist, dass die Umkehrung der existierenden Ordnung ebenso unvernünftig wäre wie diese Ordnung selbst. „Wenn man mich fragt: Was denken Sie von der Organisation der menschlichen Gesellschaften? Dieses Spektakel scheint widernatürlich, würde ich antworten. Nichts ist an seinem Platz, denn es gibt unterschiedliche Plätze für nicht unterschiedliche Wesen. Dass die menschliche Vernunft ihr Ungenügen anerkennen muss, wenn man ihr vorschlägt, die Ordnung zu ändern. Ordnung für Ordnung, Plätze für Plätze, Unterschiede für Unterschiede, es gibt keinerlei vernünftige Motive für eine Veränderung."[81]

So ist die Gleichheit allein fähig, eine Ungleichheit zu erklären, die die Anhänger der Ungleichheit immer zu denken unfähig sein werden. Der vernünftige Mensch kennt den Grund der bürgerlichen Unvernunft. Aber er weiß sie damit zugleich als unüberwindbar. Nur er kennt den Zirkel der Ungleichheit. Aber er ist als Bürger selbst in ihm gefangen. „Es gibt nur eine Vernunft; nur hat sie nicht die gesellschaftliche Ordnung organisiert. Folglich kann dort das Glück nicht sein."[82] Wahrscheinlich haben die Philosophen Recht, die die „Handlanger" anklagen, welche versuchen, die existierende Ordnung vernünftiger zu machen. Diese Ordnung hat keinen Grund. Sie aber machen sich Illusionen, wenn sie die Idee einer endlich rationellen gesellschaftlichen Ordnung verfolgen. Man kennt die zwei extremen und symmetrischen Gestalten dieser Anmaßung: den alten platonischen Traum des Philosophenkönigs und den modernen Traum der Souveränität des Volkes. Zweifelsohne kann ein König wie jeder andere Mensch Philosoph sein. Aber gerade als Mensch ist er es. Als Oberhaupt hat ein König die Vernunft seiner Minister, die die Vernunft von ihren Bürochefs haben, welche die Vernunft von jedermann haben. Es ist wahr, dass er von keinen Höheren abhängt, nur von seinen Niedrigeren. Der König als Philosoph oder der Philosoph als König ist Teil seiner Gesellschaft; und diese oktroyiert ihm wie den anderen ihre Gesetze, ihre Überlegenheit und ihre erklärenden Korporationen auf.

Deshalb ist auch die andere Form des philosophischen Traums, die Souveränität des Volkes, nicht beständiger. Denn diese Souveränität, die man als ein zu verwirklichendes Ideal oder als ein durchzusetzendes Prinzip darstellt, hat immer schon existiert. Und die Geschichte hallt wider von den Namen der Könige, die ihren Thron verloren, weil sie nicht wussten, dass keiner von ihnen regiert, wenn nicht durch das Gewicht, das ihm die Masse verleiht. Die Philosophen empören sich. Das Volk, sagen sie, kann seine Souveränität nicht abgeben. Man wird antworten, dass es das vielleicht nicht *kann*, aber dass es das immer getan hat, seit Anbeginn der Welt. „Die

Könige machen nicht die Völker, sie würden es vergeblich wollen. Aber die Völker können Oberhäupter machen, und sie haben es immer gewollt."[83] Das Volk ist unfrei gegenüber seinem Oberhaupt, genau wie das Oberhaupt gegenüber seinem Volk. Diese gegenseitige Unterwerfung ist das eigentliche Prinzip der politischen Fiktion als ursprünglicher Entfremdung der Vernunft in der Leidenschaft der Ungleichheit. Der Denkfehler der Philosophen ist, ein Volk von *Menschen* vorzutäuschen. Aber das ist ein widersprüchlicher Ausdruck, ein unmögliches Wesen. Es gibt nur Völker von Bürgern, von Menschen, die ihre Vernunft der Fiktion der Ungleichheit geopfert haben.

Verwechseln wir diese Entfremdung nicht mit einer anderen. Wir sagen nicht, dass der Bürger der ideale Mensch ist, der in der Haut des realen Menschen steckt, der Bewohner eines egalitären politischen Himmels, der die Wirklichkeit der Ungleichheit unter den konkreten Menschen verdeckt. Wir sagen umgekehrt, dass es Gleichheit nur unter den Menschen gibt, das heißt zwischen Individuen, die sich nur als vernünftige Wesen ansehen. Im Gegensatz dazu ist der Bürger, der Bewohner der politischen Fiktion, der ins Land der Ungleichheit hinabgestiegene Mensch.

Der vernünftige Mensch weiß folglich, dass es keine politische Wissenschaft, keine Politik der Wahrheit gibt. Die Wahrheit entscheidet keinen Konflikt des öffentlichen Raumes. Sie spricht zum Menschen nur in der Einsamkeit seines Gewissens. Sie zieht sich zurück, sobald der Konflikt zwischen zwei Gewissen ausbricht. Wer ihr zu begegnen hofft, muss wissen, dass sie alleine und ohne Begleitung geht. Die politischen Überzeugung hingegen fehlen niemals, sich in der beeindruckendsten Begleitung zu zeigen: *Brüderlichkeit oder Tod*, sagen sie; oder, wenn die anderen an der Reihe sind, *Legitimität oder Tod, Oligarchie oder Tod* etc. „Der erste Begriff ändert sich, aber der zweite ist immer auf den Fahnen, den Bannern aller Überzeugungen ausgesprochen oder miteinbegriffen. Rechts liest man *Souveränität von A oder Tod*. Links liest man *Souveränität von B oder Tod*. Der Tod ändert sich nie, ich kenne sogar Philanthropen, die sagen: *Abschaffung der Todesstrafe oder Tod*."[84] Die Wahrheit aber sanktioniert sich nicht selbst; sie lässt sich nicht vom Tod behilflich sein. Sagen wir es mit Pascal: Man hat schon längst das Mittel gefunden, der Macht Rechtmäßigkeit zu verleihen, aber man ist fern davon, das Mittel zu finden, der Rechtmäßigkeit Macht zu verleihen. Das Projekt selbst hat keinen Sinn. Macht ist Macht. Es kann vernünftig sein, sie zu anzuwenden. Aber es ist unvernünftig, sie vernünftig machen zu wollen.

Wie man vernünftig unvernünftig ist

Es bleibt dem vernünftigen Menschen also nichts anderes übrig, als sich der bürgerlichen Verrücktheit zu unterwerfen und sich zu mühen, dabei seine Vernunft zu bewahren. Die Philosophen glauben, das Mittel dafür gefunden zu haben: Kein passiver Gehorsam, sagen sie, keine Pflichten ohne Rechte! Aber das ist *unaufmerksam* gesprochen. Es gibt nichts und es wird niemals etwas geben, was die Idee des Rechts in der Idee der Pflicht impliziert. Wer sich veräußert, veräußert sich absolut. Dabei eine Gegenleistung einzufordern, ist nur eine arme List der Eitelkeit, die keine andere Wirkung hat, als die Entfremdung zu rationalisieren und denjenigen, der glaubt, ihr entkommen zu können, umso besser erwischt. Der vernünftige Mensch wird sich nicht zu solchen Schummeleien hergeben. Er wird wissen, dass die gesellschaftliche Ordnung ihm nichts Besseres zu bieten hat als die Überlegenheit der Ordnung über die Unordnung. „Irgendeine Ordnung, vorausgesetzt, dass sie nicht gestört werden kann, so sehen die gesellschaftlichen Organisationen seit dem Anbeginn der Welt aus.“[85] Das Monopol der legitimen Gewalt ist noch das Beste, was man gefunden hat, um die Gewalt einzudämmen und der Vernunft Zufluchtsorte zu lassen, wo sie frei ausgeübt werden kann. Der vernünftige Mensch wird sich deswegen nicht als über den Gesetzen stehend betrachten. Die Überlegenheit, die er sich somit zuerkennen würde, ließe ihn das gewöhnliche Schicksal dieser höheren Niedrigen teilen, die das Menschengeschlecht ausmachen und seine Unvernunft betreiben.

Er wird die gesellschaftliche Ordnung als ein Rätsel ansehen, das jenseits der Macht der Vernunft angesiedelt ist, als das Werk einer höheren Vernunft, die die teilweise Opferung der seinigen befiehlt. Er wird sich als Bürger dem unterwerfen, was die Unvernunft der Regierenden befiehlt, und sich nur davor hüten, die Gründe, die sie dafür angeben, zu den seinen zu machen. Er wird dafür nicht seine Vernunft aufgeben. Er wird sie auf ihr ursprüngliches Prinzip zurückführen. Der vernünftige Wille, so haben wir gesehen, ist zuerst die Kunst, sich selbst zu besiegen. Die Vernunft wird sich treu bleiben, indem sie ihre eigene Opferung beherrscht. Der vernünftige Mensch wird *tugendhaft* sein. Er wird seine Vernunft teilweise den Befehlen der Unvernunft unterstellen, um jenen Teil der Vernünftigkeit zu bewahren, der die Fähigkeit ist, sich selbst zu besiegen. So wird die Vernunft für sich immer eine uneinnehmbare Festung inmitten der Unvernunft sichern.

Die gesellschaftliche Unvernunft ist Krieg, in seinen zwei Gestalten: Schlachtfeld und Rednerbühne. Das Schlachtfeld ist das wahre Porträt der Gesellschaft, die exakt und vollständig entwickelte Konsequenz aus der Überzeugung, die sie begründet. „Wenn zwei Menschen sich begegnen, sind sie höflich zueinander, als ob sie sich gleich an Intelligenz glaubten; aber wenn der eine der beiden sich plötzlich im Lande des anderen wiederfindet, verzichtet man auf so viel Zeremoniell: Man missbraucht seine Macht wie die Vernunft: Jeder bemerkt am Eindringling seine barbarische Herkunft; man behandelt ihn in jeder Weise wie einen Idioten. Man lacht sich tot über seine Aussprache, die Unbeholfenheit seiner Gesten, alles an ihm verrät die Bastardrasse, der er angehört: Das ist ein behäbiges Volk, dieses leicht und frivol, jenes grob, dieses stolz und hochmütig. Im Allgemeinen glaubt sich ein Volk guten Gewissens einem anderen überlegen; und schon wegen wenig erhitzen sich die Leidenschaften, und dann ist bald der Krieg entflammt: Man tötet so viel man kann, auf beiden Seiten, so wie man Insekten zertritt. Man lässt sich pro niedergemachten Gegner bezahlen; man verlangt einen Orden für ein abgebranntes Dorf, ein großes Band für den Fall, dass es sich um eine große

Stadt handelt, je nach Tarif; und diese Eintreibung des Blutzolls geschieht rein aus Vaterlandsliebe (...) im Namen des Vaterlands stürzt ihr euch wie die Tiere auf das Nachbarvolk; und wenn man euch fragen würde, was euer Vaterland sei, würdet ihr euch selbst gegenseitig die Kehlen durchschneiden, bevor ihr euch in diesem Punkt einigen könntet."[86]

Und doch, so sagen die Philosophen und der Gemeinverstand im Chor: Es gilt zu unterscheiden. Es gibt die ungerechten Kriege, die Eroberungskriege, die der Wahnsinn des Herrschaftswillens nach sich zieht; und es gibt gerechte Kriege, nämlich diejenigen, bei denen man seine angegriffene Heimat verteidigt. Der ehemalige Artillerist Joseph Jacotot muss es wissen, er, der 1792 sein in Not geratenes Vaterland verteidigte und der 1815 sich mit all seinen Kräften als Parlamentarier gegen die Rückkehr des Königs wehrte, der von den Eindringlingen wiedergebracht wurde. Aber gerade seine Erfahrung hat ihm erlaubt zu bemerken, dass die Moral der Sache eine ganz andere war, als es zuerst schien. Der Verteidiger der bedrohten Heimat handelt als Bürger, wie er als Mensch handeln würde. Er braucht seine Vernunft der Tugend nicht zu opfern. Denn die Vernunft befiehlt dem vernünftigen Lebewesen zu tun, was es kann, um seine Eigenschaft der Lebendigkeit zu wahren. Die Vernunft ist in diesem Fall mit dem Krieg versöhnt und der Egoismus mit der Tugend. Es gibt daher kein besonderes Verdienst. Hingegen opfert, wenn er vernünftig ist, derjenige, der sich den Befehlen des eroberungswilligen Vaterlandes beugt, in verdienstvoller Weise seine Vernunft für das Mysterium der Gesellschaft. Er muss mehr Tugend aufbringen, um seine innere Festung zu halten und um, nachdem die Pflicht erfüllt ist, in den Naturzustand zurückkehren, die Selbstbeherrschung, die er in den bürgerlichen Gehorsam investiert hat, in die Tugend der freien Überprüfung zurückverwandeln zu können.

Aber der Krieg der Armeen ist noch die kleinste Prüfung für die Vernunft. Sie begnügt sich damit, ihre eigene Aufhebung zu kontrollieren. Es genügt ihr, sich zu beherrschen, um der Stimme der Autorität zu gehorchen, die immer genug Macht hat, sich bei allen ohne Zweideutigkeit Gehör zu verschaffen. Viel gefährlicher ist das Handeln jedoch an den Orten, wo die Autorität erst inmitten widersprüchlicher Leidenschaften zu etablieren ist: in den Versammlungen, wo man über das Gesetz berät, in den Gerichten, wo man über seine Anwendung urteilt. Diese Orte stellen für die Vernunft dasselbe Rätsel dar, dem sie sich nur fügen kann. Inmitten des Getöses der Leidenschaften und der Sophismen der Unvernunft neigt sich die Waage, lässt das Gesetz seine *Stimme* vernehmen, der man gehorchen muss wie der des Generals. Aber dieses Rätsel verlangt vom vernünftigen Menschen seine Teilnahme. Es lockt die Vernunft nicht mehr einzig auf das Terrain des Opfertums, sondern auf ein anderes Terrain, das es ihr als das *ihre* versichert, das des *Denkvermögens*. Es handelt sich jedoch nur um Kampf, der vernünftige Mensch weiß es: Nur die Gesetze des Krieges herrschen hier. Der Erfolg hängt von der Behändigkeit und der Kraft des Kämpfers ab, nicht von seiner Vernunft und seinem Recht. Deshalb ist die Leidenschaft mithilfe der Waffe der Rhetorik hier Königin. Die Rhetorik hat, wie man weiß, nichts mit der Vernunft zu tun. Aber stimmt das auch umgekehrt? Hat die Vernunft nichts mit der Rhetorik zu tun? Ist sie nicht im Allgemeinen die Kontrolle des sprechenden Wesens durch sich selbst, die ihm erlaubt, in jedem Bereich seine Werke als *Künstler* zu verrichten? Die Vernunft wäre nicht sie selbst, wenn sie nicht die Macht verliehe, in der Versammlung wie an jedem anderen Ort zu sprechen. Die Vernunft ist die Macht, alle Sprachen zu lernen. Sie wird also die Sprache der Versammlung und des Gerichts lernen. Sie wird lernen, unvernünftig zu faseln.

Man muss daher zuerst mit Aristoteles und gegen Platon entscheiden: Es ist schimpflich für einen vernünftigen Menschen, sich vor dem Tribunal schlagen zu lassen, schimpflich für Sokrates, den Sieg und sein Leben dem Meletos und dem Anytos überlassen zu haben. Man muss die Sprache von Anytos und Meletos, die Sprache der Redner lernen. Und diese wird wie die anderen gelernt, einfacher sogar als jede andere, denn ihr Vokabular und ihre Syntax sind auf einen engen Kreis begrenzt. Das *Alles ist in allem* lässt sich hier besser anwenden als in jeder anderen Übung. Man muss also *etwas* lernen – eine Rede von Mirabeau zum Beispiel – und das Übrige darauf beziehen. Diese Rhetorik, die den Schülern der Alten so viel Mühe abverlangt, ist ein Kinderspiel für uns: „Wir wissen alles im Vorhinein; alles ist in unseren Büchern; man braucht nur die Namen zu ändern."[87]

Aber wir wissen auch, dass das Aufschwellen der Perioden und die Schmückung des Stils nicht die Quintessenz der Redekunst sind. Ihre Funktion ist nicht, die Geister zu überzeugen, sondern sie *unaufmerksam* zu machen. Wie die Festung im Sturm erobert wird, so wird auch das Dekret im Handumdrehen erzwungen, durch das entscheidende Wort, die entscheidende Geste. Der Ausgang einer Versammlung wird oft von dem Waghalsigen bestimmt, der als Erster, um die Diskussion zu ersticken, *Zur Abstimmung!* ruft. Lernen folglich auch wir die Kunst, im rechten Augenblick *Zur Abstimmung!* zu rufen. Sagen wir nicht, dass sei unser und der Vernunft unwürdig. Die Vernunft braucht uns nicht, wir aber brauchen sie. Unsere angebliche Würde ist nur Faulheit und Feigheit, ähnlich der des stolzen Kindes, das nicht vor seinesgleichen improvisieren will. Bald werden auch wir vielleicht *Zur Abstimmung!* rufen. Aber wir werden es zusammen mit der Bande der Furchtsamen tun, die den siegreichen Redner nachahmen wird – denjenigen, der das gewagt hat, was wir zu faul waren zu tun.

Handelte es sich also darum, aus dem universellen Unterricht eine Schule des politischen Zynismus hervorgehen zu lassen, eine Erneuerung der von Bentham denunzierten Sophismen? Wer diese Lektion des *unvernünftig redenden Vernünftigen* verstehen will, muss sie eher mit der des *unwissenden Lehrmeisters* vergleichen. Es handelt sich jedenfalls darum, die Macht der Vernunft zu verifizieren, zu sehen, was man noch mit ihr anstellen kann, was sie machen kann, um sich selbst aktiv inmitten der extremen Unvernunft zu behaupten. Der in den Zirkel der gesellschaftlichen Verrücktheit eingeschlossene *unvernünftig redende Vernünftige* beweist, dass die Vernunft des Individuums niemals aufhört, ihre Macht auszuüben. Im geschlossenen Bereich der Leidenschaften – der Ausübung des unaufmerksamen Willens – muss man zeigen, dass der aufmerksame Wille immer kann, was sie können – und noch mehr. Die Königin der Leidenschaften kann mehr als sie, als ihre Sklaven. „Der verführerischste, der glaubhafteste Sophismus wird immer das Werk dessen sein, der am besten weiß, was ein Sophismus ist. Wer die gerade Linie kennt, entfernt sich von ihr, wenn erforderlich, so weit es sein muss, und niemals zu viel. Die Leidenschaft, welche Überlegenheit sie uns auch ermöglicht, kann sich selbst blenden, da sie Leidenschaft ist. Die Vernunft sieht alles, wie es ist; sie zeigt und verdeckt den Augen so viel, wie sie es für passend hält, nicht mehr und nicht weniger."[88] Das ist keine Lektion der List, sondern der Beständigkeit. Wer es versteht, inmitten der Unvernunft sich selbst treu zu bleiben, wird über die Leidenschaften des anderen dieselbe Herrschaft ausüben wie über die eigenen. „Alles wird mit Leidenschaft getan, ich weiß; aber alles, selbst die Dummheiten, ließe sich noch besser mit Vernunft tun. Das ist das einzige Prinzip des universellen Unterrichts."[89]

Sind wir, wird man fragen, so weit von Sokrates entfernt? Auch er lehrte im *Phaidros* wie im *Staat*: Die gute Lüge, die gerade nötig und ausreichend ist, wird der Philosoph begehen, weil nur er weiß, was die Lüge ist. Der ganze Unterschied liegt allerdings darin: Wir nehmen an, dass alle wissen, was die Lüge ist. Gerade dadurch haben wir das vernünftige Wesen bestimmt, durch seine Unfähigkeit, *sich* zu belügen. Wir sprechen also nicht vom Privileg der Weisen, sondern von der Macht der vernünftigen Menschen. Und diese Macht ist im Bunde mit einer *Überzeugung*, jener von der Gleichheit der Intelligenzen. Diese Überzeugung fehlte dem Sokrates, und Aristoteles konnte das nicht korrigieren. Dieselbe Überlegenheit, die dem Philosophen erlaubt, den kleinen Unterschied einzuführen, der immer trügerisch ist, bringt ihn davon ab, zu seinen „Brüdern in der Sklaverei"[90] zu sprechen. Sokrates wollte keine Rede halten, um dem Volk zu gefallen, um das große Tier zu verführen. Er wollte nicht die Kunst der Sykophanten Anytos und Meletos lernen. Er dachte, und fast alle loben ihn dafür, dass dadurch in seiner Person die Philosophie scheitern würde. Aber im

Grunde ist seine Meinung die: Anytos und Meletos sind dumme Sykophanten. Also gibt es keine *Kunst* in ihren Reden, sondern nur eine Kochkunst. Man kann nichts davon lernen. Nur sind die Reden des Anytos und des Meletos ebenso eine Manifestation der menschlichen Intelligenz *wie* die Reden des Sokrates. Wir sagen nicht, dass sie *genauso gut* sind. Wir werden nur sagen, dass sie von der *gleichen Intelligenz* sind. Sokrates, der „Unwissende", glaubte sich den Gerichtsrednern überlegen, er war zu faul, ihre Kunst zu lernen, er hat der Unvernunft der Welt zugestimmt. Warum hat er so gehandelt? Aus demselben Grund, aus dem auch Laios, Ödipus und alle anderen tragischen Helden ins Verderben stürzen: Er hat dem delphischen Orakel geglaubt; er dachte, die Gottheit hätte ihn erwählt, sie hätte ihm eine persönliche Botschaft übermittelt. Er hat die Verrücktheit der höheren Wesen geteilt: den Glauben an den Genius. Ein von der Gottheit inspiriertes Wesen lernt nicht die Reden eines Anytos, wiederholt sie nicht, versucht nicht, wenn es nötig ist, sich ihre Kunst anzueignen. Daher sind die Anytos die Herren der gesellschaftlichen Ordnung.

Aber wird man nicht sagen, dass sie es in jedem Fall sind? Was nützt es, auf dem Forum zu triumphieren, wenn man sowieso weiß, dass man die Ordnung der Gesellschaften nicht ändern kann? Wozu überhaupt vernünftige – oder, wie man sie nennen mag, emanzipierte – Individuen, die ihr Leben retten und ihre Vernunft behalten, wenn sie nichts machen können, um die Gesellschaft zu ändern und auf den traurigen Vorteil beschränkt sind, besser unvernünftig zu reden als die Verrückten?

Die Rede auf dem Aventin

Antworten wir zuerst, dass nicht immer das Schlimmste angenommen werden muss, da es in jeder Gesellschaft allen Individuen möglich ist, vernünftig zu sein. Die Gesellschaft als ganze wird es niemals sein, aber sie kann für Momente das Wunder der Vernunft erfahren, die dann nicht die der Übereinstimmung der Intelligenzen sind – das wäre die Verdummung –, sondern die der gegenseitigen Anerkennung der vernünftigen Willen. Als der Senat unvernünftig war, haben wir mit Appius Claudius gestimmt. Das war das Mittel, am schnellsten damit fertig zu werden, schnellstmöglich zur Szene des Aventin zu kommen. Nun ist es Menenius Agrippa, der spricht. Und die Details, die er vor den Plebejern ausbreitet, sind nicht so wichtig. Das Wesentliche ist, dass er zu ihnen spricht und sie ihm zuhören; dass sie zu ihm sprechen und er sie anhört. Er erzählt ihnen von Gliedern und Magen, und das ist vielleicht nicht sehr schmeichelhaft. Aber was er ihnen zu verstehen gibt, ist die Gleichheit der sprechenden Wesen, ihre Fähigkeit zu begreifen, sobald sie sich gleichfalls als unter dem Zeichen der Intelligenz stehend erkennen. Er sagt ihnen, dass sie Mägen sind – das ist die Kunst, die man lernt, indem man die Reden anderer übt und wiederholt, zerlegt und wieder zusammenfügt, sagen wir es anachronistisch: Das ist universeller Unterricht. Aber er spricht zu ihnen wie zu Menschen, und auf einmal macht er sie damit zu Menschen: Das ist intellektuelle Emanzipation. In dem Augenblick, in dem die Gesellschaft davon bedroht ist, an ihrer eigenen Verrücktheit zu zerbrechen, wird die Vernunft zum rettenden Anker, indem sie ihre ganze Macht, die anerkannte Gleichheit der intellektuellen Wesen, zur Anwendung bringt.

In diesem Moment des entfesselten Bürgerkrieges, diesem Moment der wiedereroberten und siegreichen Macht der Vernunft, schien es der Mühe wert gewesen zu sein, so lange und anscheinend so unnötig seine Vernunft bewahrt zu haben, da man von Appius Claudius die Kunst gelernt hat, besser unvernünftig zu reden als er selbst. Es gibt eine Form der Vernunft, die sich selbst in der gesellschaftlichen Unvernunft treu bleiben und in ihr wirksam werden kann. Daran muss man arbeiten. Wer es, wenn es die Sache erfordert, versteht, mit derselben Aufmerksamkeit die Schmähreden des Appius Claudius oder die Lehrfabeln des Menenius Agrippa zusammenzustellen, ist ein Schüler des universellen Unterrichts. Wer mit Menenius Agrippa anerkennt, dass jeder Mensch mit der Fähigkeit geboren ist zu verstehen, was der andere Mensch ihm zu sagen hat, kennt die intellektuelle Emanzipation.

Das ist wenig, diese seltenen glücklichen Begegnungen, sagen die Ungeduldigen oder die Befriedigten. Und die Geschichte vom Aventin ist wohl schon recht alt. Aber zugleich machen sich gerade Stimmen bemerkbar, ganz andere Stimmen, die behaupten, dass der Aventin der Beginn unserer Geschichte ist, jene Geschichte der Selbsterkenntnis, die aus den Plebejern von gestern und aus den Proletariern von heute Menschen macht, die fähig sind, alles zu verstehen, was ein Mensch sagen kann. In Paris gibt ein anderer exzentrischer Träumer, Pierre-Simon Ballanche, auf seine Art dieselbe Erzählung vom Aventin und liest darin dasselbe proklamierte Gesetz der Gleichheit der sprechenden Wesen, das Gesetz der von jenen erlangten Macht, die erkennen, dass sie unter dem Zeichen der Intelligenz stehen und somit fähig werden, ihren Namen in den Himmel zu schreiben. Und er macht diese sonderbare Prophezeiung: „Die römische Geschichte, so wie sie uns bis jetzt erschienen ist, nachdem sie einen Teil unserer Schicksale geleitet hat und in einer bestimmten Form in den Zusammenhang unseres gesellschaftlichen Lebens, unserer Sitten, unserer Meinungen, unserer Gesetze eingetreten ist, wird nun in einer anderen Form unsere neuen Gedanken leiten, diejenigen, die zum Zusammenhang unseres zukünftigen gesellschaftlichen Lebens beitragen müssen."[91] In den Handwerksstuben von Paris oder von Lyon verstehen und verbreiten ein paar träumerische Köpfe diese Erzählung ihrerseits und auf ihre Weise.

Wahrscheinlich ist diese Prophezeiung einer neuen Ära tatsächlich nur Träumerei. Aber dies ist keine Träumerei: Man kann immer, selbst in der tiefsten Verrücktheit der Ungleichheit, die Gleichheit der Intelligenzen verifizieren und diese Verifizierung wirksam werden lassen. Der Sieg des Aventin ist wirklich. Und vermutlich ist er nicht da, wo man glaubt. Die Tribunen, die der Plebs gewonnen hat, werden unvernünftig sein wie die anderen. Aber dass sich jeder Plebejer als Mensch fühlt, sich und seinen Sohn und jeden anderen für fähig hält, die Vorrechte der Intelligenz auszuüben, das ist nicht *nichts*. Es kann keine Partei der Emanzipierten, keine emanzipierte Versammlung oder Gesellschaft geben. Aber jeder Mensch kann sich immer, jeden Moment, emanzipieren und einen anderen emanzipieren, den anderen die *Wohltat* verkünden und die Zahl der Menschen vergrößern, die sich als solche erkennen und nicht mehr die Komödie der höheren Niedrigen spielen. Eine Gesellschaft, ein Volk, ein Staat werden immer unvernünftig sein. Aber man kann die Zahl der Menschen vervielfachen, die als Individuen von der Vernunft Gebrauch machen und denen es als Bürger gelingen wird, die Kunst zu beherrschen, möglichst vernünftig unvernünftig zu sein.

Man kann folglich sagen und muss sagen: „Wenn jede Familie machen würde, was ich sage, wäre die Nation bald emanzipiert, nicht durch die Emanzipation, die die Wissenden durch die Erklärungen *geben*, die *in Reichweite* der Intelligenz des Volkes sind, sondern durch die Emanzipation, die man sich nimmt, selbst gegen die Wissenden, wenn man sich selbst bildet."[92]

Kapitel V
Der Emanzipierende und sein Nachäffer

Die Aufgabe der Anhänger von Joseph Jacotot ist daher einfach. Man muss allen, an allen Orten, unter allen Umständen, die Neuigkeit oder die Wohltat verkünden: Man kann lehren, worin man unwissend ist. Ein armer und unwissender Familienvater kann daher die Unterweisung seiner Kinder in Angriff nehmen. Als Prinzip dieser Unterweisung gilt: *Man muss etwas lernen und alles andere nach diesem Prinzip darauf beziehen: Alle Intelligenzen sind gleich.*

Man muss es verkünden und sich zu seiner Verifizierung bereitmachen: mit dem Armen sprechen, ihn reden lassen darüber, was er ist und was er weiß; ihm zeigen, wie er seinen Sohn unterrichten wird; ihn das erste Buch des *Telemach*, von dem man ihm einen Band gibt, auswendig lernen lassen; der Bitte derer nachkommen, die vom Lehrmeister des universellen Unterrichts lernen wollen, *was er nicht weiß;* schließlich alle Mittel anwenden, um den Unwissenden von seiner Fähigkeit zu überzeugen: Ein Schüler von Grenoble konnte eine arme und ältere Frau nicht dazu überreden, lesen und schreiben zu lernen. Er bezahlte sie dafür, dass sie einwilligte. In fünf Monaten hat sie es gelernt, und jetzt emanzipiert sie ihre Enkelkinder.[93]

Das ist es, was man machen muss, wenn man weiß, dass die Kenntnis des *Telemach* oder jeder anderen Sache an sich bedeutungslos ist. Das Problem ist nicht, Gelehrte zu erzeugen. Es besteht darin, diejenigen dazu zu ermutigen, sich zu erheben, die sich niedrig an Intelligenz glauben, sie aus dem Sumpf zu ziehen, in dem sie verkommen: nicht dem Sumpf der Unwissenheit, sondern der Selbstverachtung, der Verachtung des vernünftigen Geschöpfes *in sich*. Es geht darum, emanzipierte und emanzipierende Menschen zu bilden.

Man darf den universellen Unterricht weder in die Programme der reformatorischen Parteien schreiben, noch ihn den revolutionären Parteien anvertrauen. Nur ein Mensch kann einen Menschen emanzipieren. Nur ein Individuum kann vernünftig sein, und nur nach seiner eigenen Vernunft. Es gibt Hunderte Arten zu unterrichten, und man lernt in der Schule auch von Verdummern; ein Professor ist eine *Sache*, sicher weniger handhabbar als ein Buch, aber man kann *ihn lernen*: ihn beobachten, imitieren, zergliedern, zusammensetzen, eine Erfahrung von seiner dargebotenen Persönlichkeit machen. Man bildet sich immer, wenn man zuhört, wie ein Mensch spricht. Ein Professor ist weder intelligenter noch *weniger* intelligent als ein anderer Mensch, und er stellt im Allgemeinen eine große Zahl von *Fakten* für die Beobachtung des Forschers zur Verfügung. Aber es gibt nur eine Weise zu emanzipieren. Und keine Partei, keine Regierung, keine Armee, keine Schule, keine Institution wird jemals einen einzigen Menschen emanzipieren.

Dies ist keine metaphysische Aussage. Man hat es in Löwen experimentell erfahren, unter der Obhut Seiner Majestät des Königs der Niederlande. Man weiß, dass der Souverän aufgeklärt war. Sein Sohn, Prinz Friedrich, war in die Philosophie vernarrt. Als Verantwortlicher für die Armeen wollte er sie modern ausgebildet sehen, so wie die preußische. Er interessierte sich für Jacotot, bedauerte sehr die Ungnade, in die dieser bei den akademischen Autoritäten von Löwen gefallen war, und wollte sich für ihn wie auch für die heimische Armee einsetzen. Die Armee war zu dieser Zeit ein bevorzugtes Ziel reformerischer Ideen und neuer Pädagogiken. Der Prinz erwog die Dinge und überredete seinen Vater endlich dazu, in Löwen eine militärische Hochschule zu gründen und Jacotot die pädagogische Verantwortung dafür anzuvertrauen.

Fürwahr ein guter Plan, der jedoch zum Danaergeschenk geriet: Jacotot war ein *Lehrmeister*, kein Institutsleiter. Seine Methode sollte emanzipierte Menschen herausbilden, aber keine militärischen Drillmeister, genauso wenig wie Diener irgendeiner gesellschaftlichen

Untergruppe. Damit wir uns verstehen: Ein emanzipierter Mensch kann genauso militärischer Ausbilder sein wie Schlosser oder Rechtsanwalt. Aber der universelle Unterricht kann sich nicht, ohne *verdorben zu werden*, auf die Herstellung einer bestimmten Kategorie von gesellschaftlichen Akteuren spezialisieren – vor allem, wenn diese gesellschaftlichen Akteure Ausbilder von militärischen Einheiten sind. Der universelle Unterricht gehört in die Sphäre der Familie, und das Beste, was der aufgeklärte Souverän für seine Verbreitung tun könnte, wäre, durch seine Autorität die Verkündigung der Wohltat zu protegieren. Ein aufgeklärter König kann letztlich den universellen Unterricht *einsetzen*, wo und wie es ihm gefällt, aber eine derartige Einrichtung ist nicht von Dauer, denn das *Menschengeschlecht* hängt der alten Methode an. Sicher konnte man zum Ruhm des Souveräns den Versuch wagen. Er würde natürlich scheitern, aber man lernt ja aus Fehlschlägen. Es bedürfte nur einer einzigen Voraussetzung: der absoluten Konzentration der Macht, der Reinigung der gesellschaftlichen Bühne von allen Zwischengliedern zugunsten des einzigen Paares von König und Philosoph. Es wäre also nötig: Erstens, alle Berater der alten Methode zu beseitigen, wie man es in zivilisierten Ländern tut, versteht sich, das heißt indem man ihnen eine Beförderung ermöglicht; zweitens, alle andern Zwischenglieder zu entfernen, außer die vom Philosophen ausgesuchten; drittens, alle Macht dem Philosophen zu übergeben: „Man würde machen, was ich sage, alles, was ich sage, nur das, was ich sage, und die Verantwortung würde gänzlich auf mir lasten. Ich würde nichts verlangen; im Gegenteil, die Zwischenglieder würden mich fragen, was man tun müsse und wie man es tun müsse, um alles dem Souverän vorzuschlagen. Ich würde nicht als ein Funktionär angesehen werden, den man anstellt, sondern als ein Philosoph, den man glaubt, zu Rate ziehen zu müssen. Die Einrichtung des universellen Unterrichts würde schließlich für einen Augenblick als die hauptsächliche und erste von allen Angelegenheiten des Königreichs betrachtet werden."[94]

Das sind Bedingungen, die keine zivilisierte Monarchie erfüllen kann, vor allem wenn ein Fehlschlag unvermeidlich scheint. Dem König lag allerdings an dem Experiment, und als dankbarer Gast akzeptierte Jacotot einen Versuch des Zusammenarbeitens mit einer militärischen Unterrichtskommission unter der Autorität der Kommandantur von Löwen. Die Schule wurde also auf dieser Basis im März 1827 gegründet, und die Schüler, die zuerst verblüfft waren, durch einen Übersetzer zu hören, ihr Professor habe sie nichts zu lehren, mussten in ihr irgendeinen Nutzen gesehen haben, da sie am Ende der regulären Periode mittels einer Petition beantragten, ihren Aufenthalt an der Schule verlängern zu dürfen, um durch die universelle Methode Sprachen, Geschichte, Geographie, Mathematik, Physik, Chemie, topographisches Zeichnen und Befestigungswesen zu lernen. Aber der Meister konnte sich nicht mit diesem *verpfuschten* universellen Unterricht zufrieden geben und ertrug auch nur schlecht die täglichen Konflikte mit den zivilen akademischen Autoritäten und der militärischen Hierarchie. So beschleunigte er durch seine Skandale die Auflösung der Schule. Er hatte dem König zwar darin gehorcht, mit einer schnell anschlagenden Methode militärische Ausbilder zu bilden. Aber er hatte Besseres zu tun, als Unteroffiziere zu fabrizieren, eine Art, die noch keiner Gesellschaft gefehlt hat. Übrigens warnte er feierlich seine Schüler: Sie durften nicht versuchen, in der Armee für den universellen Unterricht zu werben. Aber sie durften auch nicht vergessen, dass sie ein *Abenteuer* des Geistes erlebt hatten, das ein bisschen weiter reicht, als es die Fabrikation von untergeordneten Offizieren tut: „Sie haben in einigen Monaten Unteroffiziere ausgebildet, das stimmt.

Aber darauf zu beharren, zu ebenso kümmerlichen Resultaten wie die europäischen zivilen und militärischen Schulen zu kommen, bedeutet den universellen Unterricht zu verderben.

Dass die Gesellschaft von Ihren Erfahrungen profitiere und sich damit begnüge, würde mich freuen; Sie werden sich dem Staat als nützlich erweisen.

Jedoch vergessen Sie niemals, dass Sie Resultate einer höheren Ordnung gesehen haben als die, die Sie erreicht haben, und auf die Sie reduziert sein werden.

Profitieren Sie also von der intellektuellen Emanzipation für sich und Ihre Kinder. Helfen Sie den Armen.

Aber begnügen Sie sich damit, für Ihr Land Unteroffiziere und akademische Bürger hervorzubringen.

Sie brauchen mich nicht, um auf diesem Weg zu bleiben."[95]

Diese Rede des Gründers an seine Schüler – es gab darunter Getreue – steht auf dem Titelblatt des Bandes *Universeller Unterricht. Mathematik.* Ein Werk, in dem nach der in jedem Fach angewandten, zur Verzweiflung treibenden Angewohnheit des Meisters, kein Wort über die Mathematik steht. Niemand ist Teilnehmer am universellen Unterricht, wenn er in diesem Werk nicht die Geschichte der Hochschule von Löwen gelesen und verstanden hat, wenn er nicht von dieser Meinung überzeugt ist, dass der universelle Unterricht nicht eine *soziale* Methode ist und es nicht sein kann. Er kann sich weder durch die Institutionen der Gesellschaft noch in ihnen verbreiten. Sicherlich respektieren die *Emanzipierten* die gesellschaftliche Ordnung. Sie wissen, dass sie unter allen Umständen weniger schlecht als die Ordnungslosigkeit ist. Aber das ist alles, was sie ihr zugestehen, und keine Institution kann sich mit diesem Minimum zufrieden geben. Es genügt der Ungleichheit nicht, respektiert zu werden, sie möchte beglaubigt und geliebt werden. Sie möchte *erklärt* werden. Jede Institution ist eine *Erklärung* der Gesellschaft, eine Inszenierung der Ungleichheit. Ihr Prinzip verhält sich antithetisch zu demjenigen einer Methode, die auf der Gleichheit und der Ablehnung der Erklärung gegründet ist, und wird es immer sein. Der universelle Unterricht kann sich nur an Individuen richten, niemals an Gesellschaften. „Die Gesellschaften von in Nationen vereinigten Menschen, von den Lappen bis zu den Patagoniern, brauchen für ihre Stabilität irgendeine Form und Ordnung. Diejenigen, die mit der Aufrechterhaltung dieser notwendigen Ordnung beauftragt sind, müssen erklären und erklären lassen, dass diese Ordnung die beste von allen ist, und jede gegenteilige Erklärung verhindern. Das ist das Ziel der Verfassungen und Gesetze. Jede gesellschaftliche Ordnung, die auf einer Erklärung beruht, schließt daher jede andere Erklärung aus und weist vor allem die Methode der intellektuellen Emanzipation zurück, die auf der Nutzlosigkeit und sogar Gefahr jeder Erklärung im Unterricht beruht. Der Gründer selbst hat anerkannt, dass der Bürger eines Staates die gesellschaftliche Ordnung, an der er teilhat, und die Erklärung dieser Ordnung respektieren muss; aber er hat auch festgestellt, dass das Gesetz vom Bürger nur der Ordnung konforme Handlungen und Reden verlangt, und ihm nicht Gedanken, Meinungen und Glaubenssätze aufzwingen kann; dass der Bewohner eines Landes, bevor er Bürger ist, ein Mensch ist, dass die Familie ein heiliger Ort ist, wo der Vater der oberste Richter ist, und dass folglich dort und nur dort die intellektuelle Emanzipation angestoßen werden kann, um fruchtbar zu sein."[96] Wir behaupten also: Der universelle Unterricht wird sich in der Gesellschaft *nicht durchsetzen*, wird sich nicht etablieren. Aber er wird auch *nicht untergehen*, weil er die natürliche Methode des menschlichen Geistes ist, diejenige all derer, die selbst ihren Weg suchen. Was seine Anhänger tun können, ist, allen Individuen, allen Vätern und Müttern den Weg zu verkünden, das zu lehren, worin man unwissend ist, nach dem Prinzip der Gleichheit der Intelligenzen.

Die Emanzipation der Menschen und die Unterweisung des Volkes

Man muss es *allen* verkünden. Zuerst sicher den Armen: Sie haben kein anderes Mittel, sich zu bilden, weil sie weder die hauptberuflichen Erklärenden bezahlen, noch lange Jahre auf den Schulbänken verbringen können. Und vor allem lastet auf ihnen massiv das Vorurteil der Ungleichheit der Intelligenzen. Sie muss man dazu bringen, sich zu erheben. Der universelle Unterricht ist die Methode der Armen.

Aber nicht ausschließlich, vielmehr ist er eine Methode von Menschen, das heißt von Erfindern. Wer sie anwendet – was auch immer seine Wissenschaft und sein Rang ist –, wird seine intellektuellen Fähigkeiten vervielfachen. Man muss sie also den Prinzen, Ministern und den Mächtigen verkünden: Sie können den universellen Unterricht nicht *institutionalisieren*, aber sie können ihn anwenden, um ihre Kinder auszubilden. Und sie können ihr soziales Prestige verwenden, um in weiten Kreisen die Wohltat zu verkünden. So hätte der aufgeklärte König der Niederlande besser daran getan, seinen Kindern das beizubringen, was er nicht weiß, und mit seiner Stimme die Verbreitung der emanzipatorischen Ideen in den Familien des Königreichs voranzutreiben. So könnte sie der ehemalige Kollege von Joseph Jacotot, der General La Fayette, dem Präsidenten der Vereinigten Staaten, des neuen Landes, auf dem nicht Jahrhunderte universitärer Verdummung lasten, verkünden. Am Vorabend der Julirevolution von 1830 hatte der Gründer übrigens Löwen verlassen, um in Paris den siegreichen Liberalen und Progressiven den Weg anzuzeigen, um ihre guten Absichten gegenüber dem Volk zu verwirklichen: Der General La Fayette bräuchte nur den universellen Unterricht in der Nationalgarde zu verbreiten. Und Casimir Perier, alter und enthusiastischer Anhänger der Doktrin sowie zukünftiger Premierminister, ist nun in der Lage, weithin die Wohltat zu verkünden. Monsieur Barthe, Minister für öffentliche Bildung des Kabinetts Laffitte, kam selbst zu Joseph Jacotot, um sich beraten zu lassen: Was muss man tun, um die Ausbildung zu organisieren, die die Regierung dem Volk schuldig ist und die es ihm bereitwillig nach den besten Methoden zukommen lassen möchte? *Nichts*, antwortete der Gründer, die Regierung ist dem Volk keine Ausbildung schuldig, einfach deshalb, weil man den Leuten nicht schuldet, was sie sich selbst nehmen können. Denn die Ausbildung ist wie die Freiheit: Sie wird nicht gegeben, man nimmt sie sich. Was muss man also tun?, fragte der Minister. Es genügt, so sagte man ihm, dass man verkündet, dass ich in Paris im Hotel Corneille bin, wo ich jeden Tag arme Familienväter empfange, um ihnen den Weg zu zeigen, ihre Kinder zu emanzipieren.

Man muss es allen sagen, die sich um die Wissenschaft oder um das Volk oder um beides zugleich sorgen. Auch die Gelehrten müssen es erfahren: Sie haben die Mittel, ihre intellektuelle Macht zu vervielfachen. Sie glauben sich nur fähig, das zu lehren, was sie wissen. Wir kennen diese gesellschaftliche Logik falscher Bescheidenheit, wo das, worauf man verzichtet, die Festigkeit dessen ausmacht, was man verkündigt. Aber die Gelehrten – jene, die forschen, selbstverständlich, nicht jene, die das Wissen der anderen erklären – wollen vielleicht etwas Neueres und weniger Ausgemachtes. Sie sollen sich daran machen, zu lehren, was sie nicht wissen, und vielleicht entdecken sie unerwartete intellektuelle Fähigkeiten, die sie auf den Weg zu neuen Entdeckungen bringen.

Man muss es den Republikanern sagen, die ein Volk von Freien und Gleichen wollen und sich vorstellen, dass dies Sache der Gesetze und Verfassungen sei. Man muss es all jenen Männern des Fortschritts sagen, die mit großzügigem Herzen und beweglichem Geist – Erfinder, Philanthropen und Philomaten, Polytechniker und Philotechniker, Fourieristen und Saint-Simonisten – die Länder Europas und die Felder des Wissens durchqueren auf der Suche nach technischen Erfindungen, landwirtschaftlichen Verbesserungen, ökonomischen Kombinaten, pädagogischen Methoden, moralischen Institutionen, architektonischen Revolutionen, typographischen Techniken, enzyklopädischen Veröffentlichungen etc., die für die physische, intellektuelle und moralische Verbesserung der ärmsten und größten Klasse bestimmt sind: Sie können für die Armen viel mehr tun, als sie glauben, und mit viel geringeren Kosten. Sie wenden Zeit und Geld auf, um Getreidespeicher und Jauchegruben, Dünger und Konservierungsmethoden zu erproben und zu bewerben, um die Bauern reicher zu machen, die Bauernhöfe vom Mist und die Köpfe der Bauern von Vorurteilen zu befreien. Es gibt Einfacheres als das: Mit einem abgenutzten *Telemach* oder selbst einer Feder und Papier zum Schreiben eines Gebetes können sie die Landbewohner emanzipieren, ihnen ihre intellektuelle Fähigkeit zu Bewusstsein bringen; und die Bauern werden sich selbst darum kümmern, die Kulturen und die Konservierung der Ernte zu verbessern. Die *Verdummung* ist nicht eingefleischter Aberglaube, sie ist Furcht vor der Freiheit; die Routine ist nicht Unwissenheit, sie ist Feigheit und Stolz von Leuten, die auf ihre eigenen Fähigkeiten verzichten, einzig für das Vergnügen, die Unfähigkeit des Nachbarn zu konstatieren. Es genügt zu *emanzipieren*. Ruiniert euch nicht mit Publikationen, um Rechtsanwälte, Notare und Apotheker vom Lande mit enzyklopädischen Sammlungen zu überschwemmen, die dazu bestimmt wären, die Landbewohner die gesündesten Mittel zu lehren, ihre Eier zu konservieren, ihre Butter zu salzen, das Wasser zu desinfizieren, Rübenzucker herzustellen und Bier aus Erbsenhülsen zu gewinnen. Zeigt ihnen vielmehr, wie sie ihre Söhne *Calypso, Calypso konnte, Calypso konnte nicht* … wiederholen lassen können. Und ihr werdet sehen, wozu sie fähig sein werden.

Das ist die einzige Chance, die einzige Chance für die intellektuelle Emanzipation: Jeder Bürger ist auch ein Mensch, der ein *Werk* der Feder, des Meißels oder jedes anderen Werkzeugs vollbringt. Jeder niedrige Höhere ist auch ein Gleicher, der erzählt und einen anderen erzählen lässt, was er *gesehen hat*. Es ist immer möglich, sich auf dieses Selbstverhältnis zu stützen, es auf die ursprüngliche Wahrhaftigkeit zurückzuführen, um im gesellschaftlichen Menschen den vernünftigen Menschen zu erwecken. Wer die Methode des universellen Unterrichts vom Räderwerk der Gesellschaftsmaschine fernhält, kann diese brandneue Energie hervorrufen, die die Liebhaber der Freiheit fasziniert, diese Kraft ohne Schwerfälligkeit noch Anhäufung, die sich blitzartig verbreitet durch den Kontakt zweier Pole. Wer das Räderwerk der Gesellschaftsmaschine stillstehen lässt, hat die Chance, die elektrische Energie der Emanzipation zirkulieren zu lassen.

Man wird nur die von der Alten Verdummten und die Mächtigen der alten Methode beiseite lassen. Sie haben sich bereits über die Folgen der Ausbildung von Söhnen des Volkes beunruhigt, die unvorsichtigerweise ihren Verhältnissen entfremdet werden. Wie nun, wenn man von Emanzipation und Gleichheit der Intelligenzen spricht, wenn man bloß erwähnt, dass Mann und Frau dieselbe Intelligenz hätten! Ein Besucher hatte Jacotot bereits gefragt, ob die Frauen unter solchen Umständen dann noch hübsch wären! Verweigern wir folglich diesen Verdummten also die Antwort, überlassen wir sie ihrem akademisch-noblen Zirkel. Wir wissen, dass das die verdummende Sicht der Dinge definiert: an die *Wirklichkeit* der Ungleichheit glauben, sich vorstellen, dass die Höheren in der Gesellschaft tatsächlich höher sind und dass die Gesellschaft in Gefahr wäre, wenn die Vorstellung sich vor allem in den unteren Klassen verbreitet, dass diese Überlegenheit nur eine ausgemachte Fiktion ist. Tatsächlich kann nur ein Emanzipierter ohne Beunruhigung hören, dass die gesellschaftliche Ordnung gänzlich Konvention ist, und gewissenhaft den Übergeordneten gehorchen, von denen er weiß, dass sie ihm gleich sind. Er weiß, was er von der gesellschaftlichen Ordnung erwarten kann und wird davon kein Aufhebens machen. Die Verdummten haben nichts zu befürchten, aber sie werden es nie wissen.

Die Männer des Fortschritts

Lassen wir sie also in dem süßen und besorgten Bewusstsein ihres Genies. Aber neben ihnen fehlt es nicht an Männern des Fortschritts, die den Umsturz der alten intellektuellen Hierarchien nicht fürchten müssten. Wir verstehen Männer des *Fortschritts* im buchstäblichen Sinne des Wortes: Männer, die *schreiten*, die sich nicht um den gesellschaftlichen Rang dessen kümmern, der dieses oder jenes behauptet hat, sondern die selbst nachsehen, ob die Sache wahr ist; die Reisenden, die Europa durchqueren auf der Suche nach allen Techniken, Methoden oder Institutionen, die es wert sind, nachgeahmt zu werden; die, wenn sie da oder dort von einem neuen Experiment hören, aufbrechen, die Tatsachen ansehen, versuchen, die Experimente zu wiederholen; die nicht verstehen, warum man sechs Jahre damit verbringt, etwas zu lernen, wenn bewiesen ist, dass man es auch in zwei Jahren lernen kann; die vor allem denken, dass Wissen an sich nichts und *Machen* alles ist, dass die Wissenschaften nicht dazu da sind, erklärt zu werden, sondern um neue Entdeckungen und nützliche Erfindungen zu machen; die folglich, wenn sie von profitablen Erfindungen hören, sich nicht damit begnügen, sie zu loben oder zu kommentieren, sondern, wenn möglich, ihre Fabrik oder ihr Land, ihr Kapital oder ihre Hingabe anbieten, um einen *Versuch* damit zu machen.

Reisende und Neuerer dieser Sorte gibt es genug, die sich für die Idee der möglichen Anwendungen der Methode Jacotot interessieren, ja begeistern. Das können Lehrer sein, die mit der Alten gebrochen haben: so wie Professor Durietz, der sich seit seiner Jugend mit Locke und Condillac, Helvetius und Condorcet auseinandergesetzt hatte und bald zum Angriff auf „das verstaubte Gebäude unserer gotischen Institutionen“[97] übergegangen war. Er war Professor der Ingeneursschule von Lille und hatte er in derselben Stadt eine Lehranstalt gegründet, die von den Prinzipien dieser Meister inspiriert war. Als Opfer des „ideenfressenden Hasses“, mit dem der Kaiser „jede Institution, die nicht mit seinem Ziel der universellen Knechtung übereinstimmt“, bedachte, aber immer entschlossen, *rückwärtsgewandte* Methoden hinter sich zu lassen, kam er in die Niederlande, um die Erziehung der Söhne des Prinzen von Hatzfeld, dem Botschafter von Preußen, zu besorgen. Dort hörte er von der Methode Jacotot, besuchte die Anstalt, die ein ehemaliger Polytechnikumschüler, Monsieur de Séprès, auf jenen Prinzipien aufbauend gegründet hatte, erkannte die Übereinstimmung mit den seinen und entschied sich, die Methode zu propagieren, wo er nur konnte. Das tat er fünf Jahre lang in Sankt-Petersburg bei Großmarschall Paschoff, Prinz Sherbretoff und anderen Würdenträgern, die Freunde des Fortschritts waren, bevor er nach Frankreich zurückkehrte, nicht ohne auf dem Weg in Riga wie in Odessa, in Deutschland und in Italien die Emanzipation zu verbreiten. Nun möchte er „die Axt an den Baum der Abstraktion setzen“ und ihn, wenn er kann, „bis zu den Fasern seiner untersten Wurzeln ausreißen“.[98]

Er erzählte Monsieur Ternaux, dem bekannten Tuchfabrikanten von Sedan und Abgeordneten der Liberalen Extremen Linken, von seinen Projekten. Man konnte niemand Besseren in Sachen aufgeklärter Industrie finden: Ferdinand Ternaux hatte sich nicht damit begnügt, das Geschäft seines Vaters zu konsolidieren, indem er die Fabrik durch die Wirren der Revolution und des Kaiserreichs hindurch zum Prosperieren brachte. Er wollte ein nützliches Werk für die nationale Industrie im Allgemeinen vollbringen, indem er die Produktion von Kaschmir beförderte. Zu diesem Zweck hatte er einen Orientalisten von der Nationalbibliothek engagiert und ihn nach Tibet geschickt, um eine Herde von tausendfünfhundert Ziegen zu holen und sie in den Pyrenäen heimisch zu machen. Als glühender Verfechter der Freiheit und der Aufklärung wollte er die Resultate der Methode Jacotot also selbst prüfen. Enthusiastisch versprach er seine Unterstützung, und mit seiner Hilfe machte sich Durietz daran, die „Hüter der Supina und Gerundiva" und die anderen „Satrapen des universitären Monopols" zu vernichten.

Ferndinand Ternaux ist jedoch nicht der einzige Fabrikant, der sich als so fortschrittlich erweist. In Mülhausen vertraute die Industrielle Gesellschaft – eine Institution, die dank der philanthropischen Dynamik der Brüder Dollfus eine Vorreiterrolle spielte – ihrem jungen Förderer, dem Doktor Penot, die Organisation eines Kurses universellen Unterrichts für die Arbeiter an. In Paris wiederum hatte ein weniger bedeutender Fabrikant, der Färber Beauvisage, ebenfalls von der Methode gehört. Als Proletarier hatte er sich selbst emporgearbeitet und wollte nun seine Geschäfte mit der Gründung einer neuen Fabrik im Departement der Somme ausdehnen. Aber gleichzeitig möchte er sich auch nicht von seinen ursprünglichen Brüdern distanzieren. Als Republikaner und Freimaurer träumt er davon, seine Arbeiter zu seinen Assoziierten zu machen. Diesem Traum steht leider eine unfreundliche Wirklichkeit entgegen. Wie in jeder anderen Fabrik sind auch in seiner die Arbeiter aufeinander eifersüchtig und wissen sich nur einig gegen ihren Chef. Er würde ihnen gerne die Ausbildung angedeihen lassen, die in ihnen den alten Menschen zerstören und die Verwirklichung seines Traumes ermöglichen würde. Dafür hat er sich an die Brüder Ratier gewandt, die feurige Anhänger der Methode sind, und von denen einer jeden Sonntag auf dem Tuchmarkt die Emanzipation predigt.

Neben den Industriellen gibt es auch die Verfechter des Fortschritts, Offiziere der Pioniereinheiten und der Artillerie hauptsächlich, Hüter der revolutionären und polytechnischen Tradition. So wird der Leutnant Schoelcher, Sohn eines reichen Porzellanfabrikanten und Offizier der Pioniere in Valenciennes regelmäßig Joseph Jacotot besuchen, der sich fürs Erste zurückgezogen hat. Eines Tages brachte er ihm seinen Bruder Victor mit, der in verschiedenen

Zeitungen schrieb, die USA besucht hat und entsetzt darüber war, dass es noch im 19. Jahrhundert diese Menschenverachtung gab, die man Sklaverei nennt.

Aber der Archetypus all dieser *Fortschrittler* ist sicherlich Comte de Lasteyrie, siebzigjähriger Präsident, Gründer und treibende Kraft der Gesellschaft zur Bestärkung der nationalen Industrie, der Gesellschaft für elementare Ausbildung, der Gesellschaft für gegenseitigen Unterricht, der Zentralen Landwirtschaftsgesellschaft, der Philanthropischen Gesellschaft, der Gesellschaft für Unterrichtsmethoden, der Impfungsgesellschaft, der Asiatischen Gesellschaft, der *Zeitung für Erziehung und Ausbildung* und der *Zeitung für gebräuchliches Wissen*. Lachen wir bitte nicht dabei, uns einen Akademiker mit mächtigem Bauch vorzustellen, der friedlich in all diesen Präsidentenfauteuils schlummert. Im Gegenteil, Monsieur de Lasteyrie ist bekannt dafür, nicht ruhig sitzen bleiben zu können. Bereits in seiner Jugend hatte er England, Italien und die Schweiz besucht, um seine Kenntnisse in Ökonomie zu vervollkommnen und die Verwaltung seiner Besitzungen zu verbessern. Obwohl er zuerst, wie sein Schwager, der Marquis de La Fayette, Anhänger der Revolution gewesen war, hatte er doch im Jahr III der Revolution nach Spanien gehen müssen, um seinen Titel zu verstecken. Er hatte dort die Sprache gut genug gelernt, um verschiedene antiklerikale Werke zu übersetzen, die Merinoschafe gut genug studiert, um zwei Bücher über sie zu veröffentlichen, und ihre Verdienste so sehr geschätzt, dass er eine Herde nach Frankreich mitbrachte. Dann durchstreifte er noch Holland, Dänemark, Schweden – von wo er die Kohlrübe mitbrachte –, Norwegen und Deutschland. Er hatte sich mit der Frage der Mästung von Nutztieren, den Gruben zur geeigneten Aufbewahrung von Getreide, mit der Baumwoll-, Waid- und Indigokultur und anderen Pflanzen beschäftigt, die geeignet sind für die Erzeugung der Farbe Blau. 1812 erfuhr er von der Erfindung der Lithographie durch Senefelder. Er war sofort nach München aufgebrochen, hatte die Technik gelernt und in Frankreich die erste lithographische Presse gegründet. Die pädagogischen Möglichkeiten dieser neuen Industrie hatten ihn zu den Fragen der Ausbildung hingezogen. Er hatte also für die Einführung des gegenseitigen Unterrichts nach der Methode von Lancaster gekämpft. Er grenzte jedoch nichts aus. Unter anderem hatte er die Gesellschaft für Unterrichtsmethoden gegründet, die alle pädagogischen Erneuerungen erforschen sollte. Alarmiert vom Gerücht um die Wunder, die sich in Belgien abspielten, hatte er sich entschieden, sich vor Ort die Dinge selbst anzusehen.

Immer noch agil mit siebzig Jahren – er hatte noch zwanzig zu leben, Bücher zu schreiben und Gesellschaften und Zeitschriften zu gründen, um den Obskurantismus zu bannen und die Wissenschaft und die Philosophie zu fördern –, hatte er die Postkutsche genommen, den Gründer gesehen, die Institution von Mademoiselle Marcellis besucht, den Schülern Improvisationen und Aufsätze aufgegeben und bestätigt, dass sie ebenso gut schrieben wie er selbst. Die Auffassung von der Gleichheit der Intelligenzen machte ihm nicht Angst. Er sah darin eine große Ermutigung für die Wissenschaft und die Tugend, einen Schlag gegen die intellektuellen Aristokratien, die weitaus fürchterlicher waren als jede materielle Macht. Er hoffte, dass man ihre Richtigkeit beweisen konnte. Dann, dachte er, „würden alle Anmaßungen dieser hochmütigen Genies verschwinden, die sich von der Natur bevorzugt glauben, sich auch berechtigt fühlen, ihresgleichen zu beherrschen und sie fast auf das Niveau des Tieres hinabzustufen, damit sie alleine die materiellen Güter genießen, die das blinde Schicksal verteilt, und die man sich anzueignen versteht, indem man von der Unwissenheit der Menschen profitiert.“[99] Er kam also zurück und verkündete der Gesellschaft für Methoden: Die Zivilisation und das Glück des Menschengeschlechts haben einen ungeheuerlichen Fortschritt gemacht. Die Gesellschaft musste diese neue Methode untersuchen und sie an erster Stelle reihen unter denen, die geeignet waren, den Fortschritt in der Bildung des Volkes zu beschleunigen.

Monsieur Jacotot schätzte den Eifer von Monsieur le Comte. Aber er war sogleich verpflichtet, seine *Unaufmerksamkeit* anzuprangern. Es war doch tatsächlich eine sonderbare Unaufmerksamkeit von jemandem, der der Idee der Emanzipation Beifall klatschte, sie der Beurteilung einer Gesellschaft für Methoden unterwerfen zu wollen. Denn was ist denn eine *Gesellschaft für Methoden*? Ein Areopag höherer Geister, die die Ausbildung der Familien wollen und dafür die besten Methoden aussuchen. Das setzt doch offensichtlich voraus, dass die Familien unfähig sind, sie selbst auszusuchen. Dafür müssten sie ja schon gebildet sein. In welchem Fall sie es ja nicht mehr nötig hätten, ausgebildet zu werden. In welchem Fall sie auch nicht die Gesellschaft bräuchten, was mit der Hypothese im Widerspruch steht. „Die gelehrten Gesellschaften sind eine sehr alte List, auf die die Welt immer hereingefallen ist und wahrscheinlich immer hereinfallen wird. Man hält die Öffentlichkeit davon ab, sich die Mühe zu machen zu begutachten. Die *Zeitschrift* macht es sich zur Aufgabe zu sehen, die Gesellschaft verpflichtet sich zu begutachten; und um sich den Anschein von Wichtigkeit zu geben, die den Faulen imponiert, lobt und tadelt man nie zu viel oder zu wenig. Es zeugt von Kleingeistigkeit, wenn man enthusiastisch bewundert; wenn man jedoch mit Maß lobt und tadelt, stellt man sich somit – neben dem Erwerb des Rufes der Unparteilichkeit – über diejenigen, die man beurteilt, ist man mehr wert als sie, hat man mit Weisheit das Gute vom Mittelmäßigen und Schlechten getrennt. Das Gutachten ist eine ausgezeichnete verdummende Erklärung, die immer Erfolg haben wird. Im Übrigen beruft man sich auf einige kleine Axiome, mit denen man seine Rede auffettet: *Es gibt nichts Vollkommenes … Man muss sich vor Übertreibung hüten … Die Zeit wird es erweisen …* (…) Eine der Persönlichkeiten ergreift das Wort und sagt: Meine lieben Freunde, wir haben uns darauf geeinigt, dass alle guten Methoden unserer Feuerprobe ausgesetzt werden und dass die französische Nation Vertrauen in das Resultat hat, das aus unserer Analyse folgt. Das Volk der Departements kann nicht

Gesellschaften wie die unsere haben, die sie in ihrem Urteil leiten. Es gibt zwar hie und da kleine Hauptorte und kleine Feuerprobenöfen, aber der beste Ofen, die Probe par excellence befindet sich nur in Paris. Alle guten Methoden streiten sich um die Ehre, nur in eurem Ofen gereinigt und bestätigt zu werden. Eine einzige hat das Recht, sich dagegen aufzulehnen; aber wir halten sie in unseren Händen, sie wird durch sie durchgehen wie alle anderen auch. Die Intelligenz der Mitglieder ist das große Laboratorium, wo die rechtmäßige Analyse aller Methoden durchgeführt wird. Umsonst kämpft die universelle Methode gegen unsere Reglementierungen an, sie geben uns das Recht, sie zu beurteilen und wir beurteilen sie."[100]

Glauben wir nicht, dass die Gesellschaft für Methoden die Methode Jacotot mit Missgunst beurteilt hätte. Sie teilte die progressiven Ideen ihres Präsidenten und konnte *alles, was es Gutes gab,* in dieser Methode anerkennen. Zwar erhoben sich spöttische Stimmen in diesem Areopag von Professoren, die diese wunderliche Vereinfachung, die dem Beruf des Lehrers angetan wurde, anprangerten. Sicherlich blieben einige Geister skeptisch gegenüber den „kuriosen Details", die ihr „unermüdlicher Präsident" von seiner Reise mitgebracht hatte. Anderswo kamen Stimmen auf, die die Inszenierung des Scharlatans, sorgfältig vorbereitete Besuche, auswendig gelernte „Improvisationen" und „neue", von den Werken des Lehrmeisters abgeschriebene Aufsätze und Bücher, die sich ganz von alleine am rechten Ort auftaten, denunzierten. Man lachte auch über diesen unwissenden Gitarrenlehrmeister, dessen Schüler eine andere Melodie spielte als jene, die er vor den Augen hatte.[101] Aber die Mitglieder der Gesellschaft für Methoden waren keine Männer, die etwas aufs Wort glaubten. Monsieur Froussard, ein Skeptiker, machte sich auf, den Bericht von Monsieur de Lasteyrie zu überprüfen, und kam überzeugt zurück. Monsieur Boutmy überprüfte den Enthusiasmus von Monsieur Froussard, dann Monsieur Baudoin den von Monsieur Boutmy. Alle kamen überzeugt zurück. Aber sie waren auch überzeugt vom bevorstehenden Fortschritt, den diese neue Unterrichtsmethode darstellte. Sie kümmerten sich nicht darum, sie den Armen zu verkünden, die damit ihre Kinder bilden sollten, indem sie sie lehrten, was sie nicht wussten. Sie beantragten, dass die Gesellschaft sie für die *orthomatische* Schule annehme, die sie organisierte, um durch Tatsachen die hervorragende Eignung der neuen Methoden zu demonstrieren. Die Mehrheit der Gesellschaft und Monsieur de Lasteyrie selbst stellten sich dem entgegen: Die Gesellschaft konnte nicht *eine* Methode „unter Ausschluss aller anderen, die da waren und später dazukommen würden" annehmen. Sie hätte damit „der Verbesserungsfähigkeit Fesseln angelegt" und zerstört, was ihr philosophischer Glaube und praktischer Seinsgrund war: die fortschreitende Vervollkommnung von *allen* vergangenen, gegenwärtigen und zukünftigen guten Methoden.[102] Sie lehnte jene *Übertreibung* ab, aber bewilligte, unbeirrbar heiter und objektiv unter dem beißenden Witz der Universellen, dem Unterricht der Methode Jacotot einen Saal in der orthomatischen Schule.

Die Inkonsequenz von Monsieur de Lasteyrie bestand darin: Damals hatte er nicht die Idee gehabt, eine Kommission einzuberufen, die über den Wert der Merinoschafe oder der Lithographie befinden und einen Bericht über die Notwendigkeit verfassen sollte, das eine oder das andere zu importieren. Er hatte sie selbst eingeführt, um damit in seinem eigenen, privaten Interesse etwas zu wagen. Aber die Einführung der Emanzipation hatte er anders beurteilt: Das war für ihn eine öffentliche Angelegenheit, die er in Gesellschaft behandeln musste. Dieser unglückliche Unterschied beruhte selbst auf einer unglücklichen Identifizierung: Er hatte das zu bildende Volk mit einer Herde von Schafen verwechselt. Die Schafherden bewegen sich nicht von alleine fort, und er glaubte, dass das bei den Menschen auch so sei: Man musste sie sicherlich emanzipieren, aber es lag an den aufgeklärten Geistern, das zu tun, und dafür musste man ihre besten Köpfe zusammenfassen, um die besten Methoden, die besten Emanzipationsinstrumente zu finden. Emanzipieren bedeutete für ihn, Licht an die Stelle der Dunkelheit zu setzen, und er dachte, dass die Methode Jacotot eine *Methode* wie die anderen wäre, ein System der Erhellung der Geister, vergleichbar den anderen: eine sicherlich ausgezeichnete Erfindung, aber von *derselben Art* wie all diejenigen, die Woche für Woche eine neue Vervollkommnung der

Vervollkommnung der Bildung des Volkes vorschlugen: der Panlexigraphe von Bicaille, die Citolegie von Dupont, die Stiquiotechnik von Montémont, die Stereographie von Ottin, die Typographie von Painparé und Lupin, die Tachygraphie von Coulon-Thévenot, die Stenographie von Fayet, die Kalligraphie von Carstairs, die polnische Methode von Jazwinski, die gallische Methode, die Methode Lévi, die Methoden von Sénocq, Coupe, Lacombe, Mesnager, Schlott, Alexis de Noailles und Hunderte andere, deren Werke und Abhandlungen sich auf dem Schreibtisch der Gesellschaft häuften. Somit war alles gesagt: Gesellschaft, Kommission, Prüfung, Bericht, Zeitschrift, *es gibt Gutes und es gibt Schlechtes, die Zeit wird darüber urteilen, nec probatis nec improbatis* und so weiter bis zum Ende der Zeiten.

Als es um agrarische und industrielle Verbesserung ging, hatte Monsieur de Lasteyrie nach der Art des universellen Unterrichts gehandelt: Er hat selbst *gesehen, verglichen, überlegt, nachgeahmt, probiert, korrigiert.* Aber als es darum ging, die intellektuelle Emanzipation den armen und unwissenden Familienvätern zu verkünden, war er unaufmerksam, hatte er alles vergessen. Er hatte Gleichheit mit FORTSCHRITT übersetzt und Emanzipation der armen Familienväter mit BILDUNG DES VOLKES. Und um sich mit diesen Vernunftwesen, mit diesen *Ontologien* zu beschäftigen, bedurfte es anderer Vernunftwesen. Ein Mann kann eine Schafherde führen. Aber für die Herde VOLK braucht man eine Herde, die man GELEHRTE GESELLSCHAFT, UNIVERSITÄT, ZEITSCHRIFT etc. nennt, kurz, man braucht die Verdummung, die alte Regel der gesellschaftlichen Fiktion. Die intellektuelle Emanzipation beanspruchte, sie durch ihr eigenes Leben zu verdoppeln und zu überholen. Doch begegnete sie ihr nun wieder auf ihrem eigenen Weg, als Tribunal aufgerichtet, das damit beauftragt war, in ihren Prinzipien und Übungen auszuwählen, was für die Familien gut sei und was nicht, und dies im Namen des Fortschritts, ja selbst der Emanzipation des Volkes zu entscheiden.

Es war das aber nicht eine bloße Inkonsequenz des müden Gehirns von Monsieur de Lasteyrie. Es war der Widerspruch, dem die intellektuelle Emanzipation immer begegnet, wenn sie sich an die wendet, die wie sie das Glück der Armen wollen, an die Männer des Fortschritts. Das Orakel der Verdummung hatte den Gründer vorgewarnt: „Heute weniger als jemals zuvor kannst du Erfolg erhoffen. Sie glauben an den Fortschritt, und ihre Meinungen sind fest daran geknüpft; ich lache über deine Bemühungen. Sie werden nicht vom Fleck vorankommen."

Der Widerspruch ist einfach darzustellen. Wir haben es gesagt: Ein Mensch des *Fortschritts* ist ein Mensch, der *schreitet*, der sich etwas ansehen geht, experimentiert, seine Praxis ändert, sein Wissen überprüft und so ohne Ende. Nun, ein Mensch des Fortschritts ist aber auch etwas anderes: ein Mensch, der von der *Überzeugung* vom Fortschritt aus denkt, der diese Überzeugung in den Rang einer beherrschenden Erklärung der gesellschaftlichen Ordnung erhebt.

Tatsächlich wissen wir, dass die Erklärung nicht nur die verdummende Waffe der Pädagogen ist, sondern auch das zusammenhaltende Band der gesellschaftlichen Ordnung selbst. Wer Ordnung sagt, sagt auch Verteilung der Ränge. Die Rangeinteilung setzt die Erklärung, verteilende und rechtfertigende Fiktion einer Ungleichheit voraus, die keinen anderen Grund hat als ihr Sein. Die alltägliche Erklärarbeit ist nur das Derivat der herrschenden Erklärung, die eine Gesellschaft charakterisiert. Kriege und Revolutionen ändern, indem sie die Form und die Grenzen der Reiche antasten, die Natur der herrschenden Erklärungen. Aber diese Veränderung verläuft in engen Grenzen. Wir wissen nämlich, dass die Erklärung die Arbeit der Faulheit ist. Es genügt ihr, die Ungleichheit einzuführen, und das geht ganz leicht. Die elementarste Hierarchie ist die des *Guten* und des *Schlechten*. Das einfachste logische Verhältnis, das zur Erklärung dienen kann, ist das von *vorher* und *nachher*. Mit diesen vier Elementen, dem Guten und dem Schlechten, dem Vorher und dem Nachher, hat man das Grundmuster aller Erklärungen. *Vorher war es besser*, sagen die einen: Der Gesetzgeber oder die Gottheit hatte die Dinge eingerichtet; die Menschen waren genügsam und glücklich; die Herrscher waren väterlich, und es wurde ihnen gehorcht; der Glaube der Vorfahren wurde geachtet, die Funktionen waren gut verteilt und die Herzen geeint. Jetzt werden die Wörter verdorben, die Unterscheidungen verschwimmen, die Ränge vermischen sich, und die Sorge um die Kleinen geht ebenso wie der Respekt vor den Großen verloren. Bemühen wir uns also, das, was uns in unseren Unterscheidungen noch mit dem Prinzip des Guten verbindet, zu konservieren oder wiederzubeleben. *Das Glück ist für morgen*, antworten die anderen: Das Menschengeschlecht war wie ein Kind den Launen und Schrecken seiner Einbildung ausgeliefert, eingelullt von den Märchen ignoranter Ammen, der brutalen Kraft von Despoten und dem Aberglauben der Priester unterworfen. Jetzt gibt es Aufklärung der Geister, die Sitten werden zivilisiert, die Industrie verbreitet ihre Wohltaten, die Menschen kennen ihre Rechte, und die Bildung wird ihnen die Wissenschaft sowie ihre Pflichten aufdecken. Es ist die Fähigkeit, die ab nun über den gesellschaftlichen Rang zu entscheiden hat. Und es ist die Ausbildung, die sie zeigen und entwickeln wird.

Wir stehen an einem Punkt, da eine herrschende Erklärung dabei ist, der erobernden Kraft einer anderen zu erliegen. Zeitalter des Übergangs. Und das erklärt die Inkonsequenz der Männer des Fortschritts wie Monsieur le Compte de Lasteyrie. Früher, als die Universität *Barbara*, *Celarent* und *Baralipton* stotterte, fand man *neben ihr* Adelige oder Mediziner, Bürger oder Kirchenleute, die sie reden ließen und sich um *etwas anderes* kümmerten: Sie ließen Gläser schneiden und polieren oder polierten sie selbst für ihre optischen Experimente, sie ließen sich von ihren Fleischern die Augen der Tiere reservieren, um die Anatomie zu studieren, sie informierten sich untereinander und debattierten ihre Hypothesen. So vollzogen sich in den Poren der alten Gesellschaft *Fortschritte*, das heißt Aktualisierungen der menschlichen Fähigkeit, zu verstehen und zu handeln. Monsieur le Compte ist noch ein wenig so ein experimentierender Adeliger. Aber im Übergang ist er von der steigenden Kraft der neuen Erklärung erfasst worden, von der neuen *Ungleichmachung*: *dem* Fortschritt. Es sind nicht mehr die Neugierigen und die Kritiker, die diesen oder jenen Zweig der Wissenschaft, dieses oder jenes technische Mittel perfektionieren. Es ist *die Gesellschaft*, die *sich* vervollkommnet, die ihre Ordnung unter dem Zeichen der Vervollkommnung denkt. Es ist die Gesellschaft, die fortschreitet, und eine Gesellschaft kann nur gesellschaftlich fortschreiten, das heißt alle gemeinsam und geordnet. Der Fortschritt ist die neue Weise, Ungleichheit zu sagen.

Aber diese Redeweise hat eine viel fürchterlichere Kraft als die alte. Jene war ständig verpflichtet, entgegen ihrem Prinzip zu handeln. Früher war es besser, sagte sie: Je weiter wir vorwärts gehen, desto mehr gehen wir der Dekadenz entgegen. Aber diese herrschende Meinung hatte den Fehler, in ihrer herrschenden Erklärpraxis, in jener der Pädagogen, nicht anwendbar zu sein. Diese musste doch annehmen, dass das Kind sich der Perfektion annäherte, indem es sich von seinem Ursprung entfernte, indem es wuchs und unter ihrer Leitung von seiner Unwissenheit zu ihrem Wissen gelangte. Jede pädagogische Praxis erklärt die Ungleichheit des Wissens als ein Übel, und als ein Übel, das im unendlichen Fortschreiten zum Guten aufhebbar ist. Jede Pädagogik ist von Natur aus fortschrittlich. So gab es eine Unstimmigkeit zwischen der großen Erklärung und den kleinen Erklärenden. Beide verdummten, aber ungeordnet. Und diese Unordnung der Verdummung gab der Emanzipation einen Freiraum.

Diese Zeiten sind dabei, zu Ende zu gehen. Nunmehr gehen die herrschende Fiktion und der Alltag der Verdummung in dieselbe Richtung. Dafür gibt es einen einfachen Grund: den Fortschritt, das heißt die pädagogische Fiktion, die sich als Fiktion der gesamten Gesellschaft etabliert hat. Der Kern der pädagogischen Fiktion ist die Vorstellung der Ungleichheit als *Rückstand*: Die Inferiorität lässt sich damit in ihrer Unschuld verstehen; sie ist weder Lüge noch Gewalt, sie ist nur ein Rückstand, den man feststellt, um sich gleich daran zu machen, ihn zu beheben. Wahrscheinlich erreicht man es nie: Die Natur selbst wacht darüber, es wird immer Rückstand, immer Ungleichheit geben. Aber man kann somit immer das Privileg ausüben, sie zu verringern, und damit hat man einen doppelten Gewinn.

Die Prämisse der Fortschrittler ist die gesellschaftliche Verabsolutierung der Vorannahmen der Pädagogik: Vorher waren es das blinde Tasten, die mehr oder weniger gut von den Mündern der unaufgeklärten Mütter und Ammen aufgelesenen Wörter, das Erraten, die falschen Vorstellungen, die im ersten Kontakt mit dem materiellen Universum erworben wurden. Nun beginnt ein neues Zeitalter, in dem das Menschenkind den geraden Weg zu seiner Reife nimmt. Der Führer zeigt auf den Schleier, der über allen Dingen liegt, und beginnt ihn zu lüften – so wie es angemessen ist, geordnet, Schritt für Schritt, *fortschreitend*. „Man muss eine gewisse Verzögerung in den Fortschritt bringen."[103] Man braucht Methoden. Ohne Methode, ohne *gute* Methode ist das Menschenkind oder das kindliche Volk Beute der Fiktionen der Kindheit, der Routine und der Vorurteile. Mit Methode setzt es seine Füße in die Fußstapfen derer, die rationell, fortschreitend vorangehen. Ihnen nachfolgend erhebt es sich durch eine unendliche Annäherung. Weder wird der Schüler jemals den Lehrmeister erreichen noch das Volk seine aufgeklärte Elite, aber die Hoffnung, dahin zu kommen, lässt sie auf dem richtigen Weg fortschreiten, jenem der perfektionierten Erklärungen. Das Jahrhundert des Fortschritts ist das der triumphierenden Erklärenden, der pädagogisierten Menschheit. Die fürchterliche Kraft dieser neuen Verdummung liegt darin, dass sie noch die Vorgangsweise der Männer des Fortschritts vom alten Schlage nachahmt, dass sie die alte Verdummung in einer Weise attackiert, die geeignet ist, Geister, die gerade erst von der Emanzipation berührt wurden, in die Irre zu führen und bei der geringsten Unachtsamkeit straucheln zu lassen.

Das bedeutet auch, dass der sich abzeichnende Sieg der Fortschrittler über die Alte auch der Sieg der Alten über ihre Gegnerschaft hinweg ist, der absolute Triumph der institutionalisierten Ungleichheit, die beispielhafte Rationalisierung dieser Institution. Und das ist die solide Basis, auf der sich die ewige Macht der Alten erhebt. Der Gründer versuchte das den Fortschrittlern guten Willens aufzuzeigen: „Die Erklärenden der Industrie und alle haben es bereits wiederholt: Seht den Fortschritt der Zivilisation! Das Volk braucht die Techniken, und man verkaufte ihm nur Latein, mit dem es nichts anfangen kann. Es wird Maschinen zeichnen und konstruieren etc. Philosophen, ihr habt Recht und ich bewundere euren Eifer unter der Herrschaft eines großen Herren, der euch nicht hilft, sondern sich behäbig auf seinem Thron toter Sprachen räkelt. Ich bewundere eure Aufopferung; euer philanthropisches Ziel ist sicher viel nützlicher als das der Alten. Aber sind eure Mittel nicht die ihren? Fürchtet ihr nicht, dass man euch anklagt, wie sie die Vorherrschaft der erklärenden Lehrmeister zu unterstützen?“[104] Der gute Wille riskiert also, im eigentlichen Sinne kontraproduktiv zu werden. Die Alte weiß, was sie will, die *Verdummung*, und sie wirkt folgerichtig. Die Fortschrittler hingegen würden die Geister befreien und die Fähigkeiten des Volkes fördern wollen. Aber was sie vorschlagen, ist, die Verdummung zu perfektionieren, indem sie die Erklärungen perfektionieren.

Das ist der Zirkel der Fortschrittler. Sie wollen die Geister der alten Routine, der Umklammerung durch die Priester und *Obskuranten* aller Art entreißen. Und dafür braucht man rationellere Methoden und Erklärungen. Man muss sie testen und vergleichen mittels Kommissionen und Gutachten. Man muss für die Ausbildung des Volkes ein qualifiziertes und diplomiertes Personal einsetzen, das mit neuen Methoden gebildet und deren Ausführung überwacht wurde. Man muss vor allem die Improvisationen Inkompetenter vermeiden und darf durch Zufall oder durch Routine gebildeten Geistern, die der perfektionierten Erklärungen und fortschrittlichen Methoden unkundig sind, nicht die Möglichkeit bieten, eine Schule zu eröffnen und darin irgendwie irgendwas zu unterrichten. Man muss vermeiden, dass die Familien, Orte der routienemäßigen Reproduktion und des eingefleischten Aberglaubens, empirischen Wissens und wenig aufgeklärter Gefühle, die Ausbildung der Kinder sicherstellen. Man bedarf dafür eines wohl geordneten Systems öffentlicher Ausbildung. Man braucht eine Universität und einen Großen Meister. Umsonst würde man einwenden, dass die Griechen und Römer weder Universität noch einen großen Meister hatten und dass die Dinge nicht so schlecht liefen. Im Zeitalter des Fortschritts brauchen die Unwissendsten der rückständigsten Völker nur einen kurzen Aufenthalt in Paris, um sich davon zu überzeugen, „dass Anytos und Meletos nunmehr die Notwendigkeit einer Organisation aufgezeigt haben, die regelt: 1. dass man erklären muss, 2. was man erklären wird, 3. wie man es erklären wird". Ohne diese Vorkehrungen sehen sie: „1. dass unsere Schuster *Universeller Unterricht* um den Stiefel ihres Zunftzeichens schreiben könnten, wie das in Rom und Athen der Fall war, weil es an voraussichtiger Organisation mangelte, 2. dass der Schneider entwickelbare Flächen erklären wollen wird, wie man es in Rom gesehen hat", und dass somit eintreffe, was es vor allem zu vermeiden gelte: „dass die alten Erklärungen sich von Generation zu Generation überliefern, zum Schaden der perfektionierten Erklärungen".[105]

Die Perfektionierung der Ausbildung besteht somit zuallererst in der Perfektionierung der *Zügel*, oder vielmehr in der Perfektionierung der Vorstellung von der Nützlichkeit der Zügel. Die permanente pädagogische Revolution wird zum normalen System, in welchem die erklärende Institution sich rationalisiert, sich rechtfertigt und somit die Ewigkeit des Prinzips und zugleich der Institutionen der Alten sicherstellt. Indem sie für die neuen Methoden, für den gegenseitigen Unterricht von Lancaster kämpfen, haben die Fortschrittler damit zuerst dafür gekämpft, die Notwendigkeit aufzuzeigen, bessere Zügel zur Hand zu haben. „Ihr wisst, dass man Lancaster nicht will, und ihr habt erraten, warum nicht. Jedoch hat man euch am Ende euren Lancaster machen lassen. Wisst ihr warum? Man wurde euch lieber in anderen Händen sehen. Aber schließlich braucht man nicht verzweifeln, solange es Zügel gibt. Eure angewandte Geometrie ist auch nicht nach dem Geschmack von *man*, aber sie lässt sich in Formen anwenden."[106] Man hatte sie den Lancaster machen lassen, bald wird man wahrscheinlich den industriellen Unterricht durchgehen lassen. Er war ein Zügel, so gut wie jeder andere Zügel. Weniger dadurch, was er als Bildung liefern könnte, als dadurch, dass er an die Fiktion der Ungleichheit *glauben lassen* könnte. Das wäre eine andere Dressurschule, die der alten nur widersprechen würde, um desto besser ihr Prinzip, das Prinzip aller Dressurschulen, zu bejahen. „Man wird auf Latein zurückkommen; der Zureiter wird uns in den Maschinen drehen lassen (...) Wenn man nicht aufpasst, wird die Verdummung größer werden, weil sie weniger spürbar und leichter zu rechtfertigen sein wird."[107]

Auf dem Kopf des Volkes

Gehen wir noch weiter: Auch der universelle Unterricht kann eine „gute Methode" sein, integriert in die Erneuerung der Verdummung: eine *natürliche* Methode, die die intellektuelle Entwicklung des Kindes ebenso respektiert, wie es seinem Geist die beste Gymnastik verordnet; eine *aktive* Methode, die dem Kind angewöhnt, selbst zu denken und alleine die Schwierigkeiten zu meistern, die die Sicherheit der Rede und den Sinn für Verantwortung stärkt; eine gute *klassische* Ausbildung, die die Sprache an den großen Schriftstellern schult und den Jargon der Grammatiker beiseite lässt; eine praktische und *schnelle* Methode, die die aufwendigen und endlosen Etappen des Gymnasiums überspringt, um aufgeklärte und fleißige junge Leute zu bilden, die sich in Karrieren stürzen, die der gesellschaftlichen Vervollkommnung nützlich sind. Wer am meisten kann, kann am wenigsten, und eine Methode, die geeignet ist zu unterrichten, worin man unwissend ist, erlaubt zu unterrichten, indem man spielend damit hantiert, was man weiß. Gute Lehrmeister eröffnen Schulen in seinem Zeichen, erfahrene Lehrmeister wie Monsieur Durietz, wie der junge Eugène Boutmy, wie Monsieur de Séprès, der ehemalige Polytechniker, der seine Institution von Antwerpen nach Paris verlegt, und noch eine Gruppe anderer bedeutender Männer in Paris, Rouen, Metz, Clermont-Ferrand, Portiers, Lyon, Grenoble, Nantes, Marseille ... Ganz zu schweigen von den religiösen und dennoch aufgeklärten Institutionen wie der Institution des *Fleischgewordenen Wortes*, wo Monsieur Guillard, der die Reise nach Löwen gemacht hatte, Unterricht gibt auf der Grundlage des *Kenne dich selbst*, von diesen Seminaren von Pamiers, von Senlis und anderswo, die, angesteckt vom unermüdlichen Eifer des Schülers Deshoullières, einfach konvertierten. Diese Institutionen – wir sprechen natürlich nicht von den überhandnehmenden Fälschungen – empfehlen sich durch die Genauigkeit, mit der sie den Übungen der Methode folgen: *Calypso, Calypso konnte, Calypso konnte nicht* ...; und danach die Improvisationen, die Aufsätze, die Überprüfungen, die Synonyme etc., der ganze Unterricht von Jacotot wird dabei respektiert, bis auf ein oder zwei kleine Dinge: Man lehrt nicht, worin man unwissend ist. Aber nicht jeder, der es will, ist ein Unwissender, und es ist weder die Schuld von Monsieur Boutmy, wenn er die alten Sprachen von Grund auf kennt, noch von Monsieur de Séprès, wenn er Mathematiker, und zwar einer der besten, ist.

Die Prospekte sprechen auch nicht mehr von der Gleichheit der Intelligenzen. Aber das ist ja, wie man weiß, eine *Meinung* des Gründers. Und er selbst hat uns gelehrt, streng Meinungen von Tatsachen zu trennen, und jegliche Beweisführung allein auf jenen aufzubauen. Wozu also die skeptischen oder halb überzeugten Geister durch diese Zumutung verstören? Es ist besser, ihnen die Tatsachen, die Resultate der Methode vor Augen zu führen, um ihnen die Kraft des Prinzips zu demonstrieren. Deshalb braucht man auch nicht den Namen von Jacotot. Man spricht eher von der *natürlichen Methode*, einer Methode, die von den besten Köpfen der Vergangenheit anerkannt wurde: Sokrates und Montaigne, Locke und Condillac. Hat der Meister nicht selbst gesagt, es gebe keine Methode Jacotot, sondern nur die Methode des Schülers, die natürliche Methode des menschlichen Geistes? Wozu also seinen Namen wie eine Vogelscheuche aufstellen? Bereits 1828 hatte Durietz den Gründer gewarnt: Er wolle an den „Baum der Abstraktionen" die Axt anlegen, aber er werde es nicht in der Weise der Holzfäller machen. Er wolle sich vorsichtig einschleichen und „einige spürbare

Erfolge“ bewirken, um den Triumph der Methode vorzubereiten. Er wolle über den universellen Unterricht zur intellektuellen Emanzipation gelangen.[108]

Aber die siegreiche Revolution von 1830 verschaffte diesem Versuch eine größere Bühne. 1831 wurde vom modernsten der Fortschrittler, dem jungen Journalisten Emile de Girardin, der Startschuss dazu gegeben. Er war sechsundzwanzig Jahre alt und Enkel des Marquis de Girardin, der den Autor des *Emile* protegiert hatte. Zwar war er ein Bastard, doch läutete er die Zeit ein, in der sich niemand mehr wegen seiner Herkunft schämte. Er spürte die neue Ära und die neuen Kräfte: die Arbeit und die Industrie; die professionelle Ausbildung und die Hauswirtschaftslehre; die öffentliche Meinung und die Presse. Er verlachte die Latinisten und die Pedanten. Er verlachte die jungen Dummköpfe, die von ihren guten Familien aus der Provinz nach Paris geschickt wurden, um Recht zu studieren und die Grisettes zu umschwärmen. Er wollte aktive Eliten, Äcker, die von den letzten Entdeckungen der Chemie fruchtbar gemacht würden, ein Volk, das über alles unterrichtet wäre, was zu seinem materiellen und aufgeklärten Glück beitragen kann, und das Gleichgewicht auf der Waage der Rechte, Pflichten und Interessen herstellt, das moderne Gesellschaften ausmacht. Er wollte, dass das alles schnell gehe, dass die Jugend sich durch schnelle Methoden vorbereite, sich früh für die Gemeinschaft nützlich zu machen, dass die Entdeckungen der Gelehrten und Erfinder sofort in das Leben der Werkstätten und der Heime, bis in die entlegensten Gebiete vordringe, um neue Gedanken zu erzeugen. Er wollte ein Organ, um diese Wohltaten ohne Verzögerung zu verbreiten. Es gab zwar die *Zeitung für gebräuchliche Kenntnisse* von Monsieur de Lasteyrie. Aber diese Art der Veröffentlichung war teuer, also notwendigerweise für das Publikum reserviert, das ihrer nicht bedurfte. Wozu die Wissenschaft für Akademiker popularisieren, wozu die Hauswirtschaftslehre für Frauen von Welt? Er gründete die *Zeitung für nützliche Kenntnisse*, mit einer Auflage von fünfhunderttausend Exemplaren, dank einer gigantischen Subskriptions- und Werbekampagne. Um die Zeitung zu unterstützen und ihren Wirkungskreis zu erweitern, gründete er eine neue Gesellschaft: die *Nationale Gesellschaft für intellektuelle Emanzipation*.

Das Prinzip dieser Emanzipation war einfach. „Für Verfassungen wie für Gebäude braucht man einen festen und ebenen Boden. Die Ausbildung verleiht den Intelligenzen ein Niveau, den Ideen einen Boden (…) Die Ausbildung der Massen bringt die absolutistischen Regierungen in Gefahr. Ihre Unwissenheit hingegen bringt republikanische Regierungen in Gefahr, denn wenn parlamentarische Debatten den Massen ihre Rechte verkünden, wartet man nicht darauf, dass die Massen sie mit Bedacht ausüben. Und sobald ein Volk seine Rechte kennt, gibt es nur mehr ein Mittel, es zu regieren, nämlich es zu bilden. Jede Regierung braucht also ein breites System abgestuften nationalen und professionellen Unterrichts, der die Aufklärung ins Herz der Dunkelheit der Massen trägt, der alle willkürlichen Abtrennungen beseitigt, der jeder Klasse ihren Rang und jedem Menschen seinen Platz anweist."[109]

Diese neue Ordnung erkannte natürlich die Würde der arbeitenden Bevölkerung, ihren hervorragenden Platz in der gesellschaftlichen Ordnung an. Die intellektuelle Emanzipation bedeutete die Umkehrung der alten Hierarchie, die mit dem Privileg der Bildung verknüpft war. Bis dahin war die Ausbildung das Monopol der leitenden Klasse, die ihre Hegemonie rechtfertigte, mit der wohlbekannten Konsequenz, dass ein Kind des Volkes, das ausgebildet wurde, nicht mehr in den Stand seiner Eltern zurück wollte. Man musste die gesellschaftliche Logik des Systems umkehren. Ab sofort wäre die Ausbildung kein Privileg mehr, der Mangel an Ausbildung wäre eine *Unfähigkeit*. Man müsste, um das Volk zu zwingen, sich zu bilden, im Jahre 1840 jeden Mann von 20 Jahren, der nicht lesen könnte, für bürgerlich unmündig erklären. Man müsste ihm behördlich eine der ersten Nummern der Auslosung reservieren, die die unglücklichen jungen Leute zum Militärdienst verdammen. Diese Verpflichtung des Volkes wäre ebenso eine Verpflichtung ihm gegenüber. Man musste schnelle Methoden finden, um vor 1840 der gesamten französischen Jugend das Lesen beizubringen. Das war die Devise der *Nationalen Gesellschaft für intellektuelle*

Emanzipation: „Schüttet die Ausbildung über dem Kopf des Volkes aus, ihr schuldet ihm diese Taufe."

Am Taufbecken befand sich der Sekretär der Gesellschaft, abgeheuert von der Gesellschaft für Methoden, der begeisterte Bewunderer des universellen Unterrichts, Eugène Boutmy. In der ersten Nummer der Zeitung versprach er, auf schnelle Methoden für die Ausbildung der Massen zu verweisen. Er hielt Wort in einem Artikel, der mit *Unterricht durch sich selbst* betitelt war. Der Lehrmeister solle laut lesen *Calypso* und der Schüler *Calypso* wiederholen, dann, die Wörter gut voneinander getrennt, *Calypso konnte, Calypso konnte nicht* etc. Die Methode nannte sich *universeller natürlicher Unterricht*, zu Ehren der Natur, die die Kinder selbst unterrichten würde. Ein ehrenwerter Abgeordneter, Monsieur Victor de Tracy, hatte auf diese Weise vierzig Bauern seiner Gemeinde mit so viel Erfolg gebildet, dass sie ihm einen Brief schreiben konnten, in dem sie ihm ihre lebhafte Dankbarkeit ausdrückten, sie zu intellektuellem Leben befähigt zu haben. Jeder Korrespondent der *Zeitung* mache es genauso, und bald würde die Lepra der Unwissenheit gänzlich vom Gesellschaftskörper verschwinden.[110]

Die Gesellschaft, die beispielhafte Institutionen ermutigen wollte, interessierte sich auch für die Institution von Monsieur de Séprès. Sie schickte ihre Kommissäre, um diese Methode der *Autodidaxie* zu untersuchen, die die jungen Burschen *nach den Tatsachen* zu überlegen, zu sprechen und zu schließen lehrte, indem sie der natürlichen Methode folgte, die immer die großer Entdeckungen gewesen war. Die Lage der Institution in der Rue de Monceau, jenem Viertel von Paris, das für seine gute Luft, die Gesundheit seiner Nahrung, die Hygiene und Gymnastik sowie auch für die Beständigkeit der moralischen und religiösen Gefühle seiner Bewohner bekannt war, ließ wenig zu wünschen übrig. Wie auch immer, die Institution versprach, die Schüler in drei Jahren Mittelschulunterricht zum Preis von achthundert Francs pro Jahr in den Stand zu versetzen, jede Prüfung zu bestehen. Somit konnte ein Familienvater genau die Kosten der Ausbildung seines Sohns berechnen und ihre Rentabilität überschlagen. Dafür verlieh die

Gesellschaft der Institution von Monsieur de Séprès den Titel eines *Nationalen Gymnasiums*. Sie verpflichtete im Gegenzug die Eltern, die ihre Kinder hinschicken würden, sorgsam ihre Programme zu lesen, um die für ihre Söhne vorgesehene Karriere zu bestimmen. Sobald die Karriere festgelegt war, würden die Kommissäre der Gesellschaft darüber wachen, dass die von den Eltern gewünschte Studienrichtung gewissenhaft verfolgt wird, damit der Schüler alles lerne, was ihn in seinem Beruf auszeichnen könne, und er nichts Überflüssiges lerne.[111] Unglücklicherweise hatten die Kommissäre kaum die Zeit, diese Zusammenarbeit mit dem Nationalen Gymnasium voranzutreiben. Denn eine bretonische landwirtschaftliche Institution, deren Aufgabe es war, agronomische Kenntnisse zu verbreiten sowie die moralische Erneuerung eines Teil der unbeschäftigten Jugend der Städte zu betreiben, wurde zum finanziellen Desaster, das auch die *Nationale Gesellschaft für intellektuelle Emanzipation* mit in den Abgrund riss. Zumindest hatte sie für die Zukunft gesät: „Die Zeitung für nützliche Kenntnisse war eine gute Zeitung. Wir hatten euer Schlagwort, intellektuelle Emanzipation, aufgenommen und unsere Abonnenten kraft der Erklärungen emanzipiert. Diese Emanzipation ist nicht gefährlich. Wenn ein Pferd gezügelt und von einem guten Reiter bestiegen wird, weiß man, wohin es geht. Es weiß nichts davon, aber man kann beruhigt sein; es wird sich über Berg und Tal nicht verirren.“[112]

Der Triumph der Alten

So konnten der universelle Unterricht und selbst das Wort von der intellektuellen Emanzipation in den Dienst der *Fortschrittler* gestellt werden, die wiederum zum größten Nutzen der Alten arbeiteten. Die Arbeitsteilung vollzog sich folgendermaßen: den Fortschrittlern die Methoden und die Diplome, die Zeitschriften und die Zeitungen, die die Liebe zu den Erklärungen durch die grenzenlose Perfektionierung ihrer Perfektionierung pflegten. Der Alten die Institutionen und die Prüfungen, die Macht der soliden Begründungen der erklärenden

Institution und das Recht der gesellschaftlichen Sanktion. „Daher all diese Erfindungspatente, die in der Leere des Erklärsystems aufeinanderprallen: Erklärungen des Lesens, umgewandeltes Schreiben, erleichterte Sprachen, zusammenfassende Tafeln, perfektionierte Methoden etc. und viele andere schöne Dinge, die in neuen Bücher kopiert werden, die eine neue Erklärung der alten Bücher enthalten; das alles den perfektionierten Erklärenden unserer Epoche empfohlen, die sich alle zu Recht übereinander lustig machen, wie die Wahrsager. Niemals waren die Patentinhaber mehr zu beklagen als heutzutage. Sie sind so zahlreich, dass sie kaum einen Schüler finden können, der nicht seine eigene kleine perfektionierte Erklärung parat hat; sodass sie darauf beschränkt sind, sich gegenseitig ihre jeweiligen Erklärungen zu erklären (…) Die Alte lacht über diese Streitigkeiten, sie stachelt sie an, sie benennt Kommissionen, um zu urteilen; und da die Kommissionen alle Perfektionierungen gutheißen, gibt sie ihr Zepter an niemanden ab. *Divide et impera*. Die Alte behält die Schulen, die Universitäten und die Konservatorien in ihrer Hand; sie gibt den anderen nur die Patente; sie sagt ihnen, dass das bereits viel ist, und sie glauben es ihr.

Das Erklärsystem nährt sich wie die Zeit von ihren eigenen Kindern, die sie in dem Maße verschlingt, wie sie sie erzeugt; eine neue Erklärung, eine neue Perfektionierung wird geboren und stirbt sogleich, um Platz für tausend andere zu machen (…).

So wird sich das Erklärsystem erneuern, so werden sich die Lateinschulen und die Griechischuniversitäten erhalten. Man wird schreien, aber die Schulen werden bestehen bleiben. Man wird sich darüber lustig machen, aber die Doctissimi und die Clarissimi werden fortfahren, sich in ihren alten Zeremonienkleidern zu begrüßen, ohne dabei zu lachen; die junge industrielle Methode wird mit wissenschaftlichem Gehabe ihre Großmutter beschimpfen, und doch werden die Industriellen weiterhin ihre perfektionierten Regeln und Kompasse verwenden, um den Thron zu errichten, von dem aus die alte Schwätzerin über alle Werkstätten regiert. Mit einem Wort, die Industriellen werden Erklärstühle machen, solange es Holz auf der Erde gibt.“[113]

So arbeitete der Sieg der *Leuchtenden* über die *Obskuranten* dafür, die älteste Sache, die die Obskuranten verteidigten, zu verjüngen: die Ungleichheit der Intelligenzen. Es gab in dieser Aufteilung der Rollen eigentlich keine Inkonsequenz. Was die *Unaufmerksamkeit* der Fortschrittler begründete, ist die Leidenschaft, die jede Unaufmerksamkeit begründet, die Auffassung von der Ungleichheit. Ein fortschrittlicher Erklärender ist zuallererst ein Erklärender, das heißt ein Verteidiger der Ungleichheit. Es stimmt zwar, dass die gesellschaftliche Ordnung niemanden verpflichtet, an die Ungleichheit zu glauben, dass sie niemanden daran hindert, den Individuen und Familien die Emanzipation zu verkünden. Aber diese einfache Verkündigung – die zu verhindern es niemals genug Gendarmen gibt – ist auch jene, die dem energischsten Widerstand begegnet: dem der intellektuellen Hierarchie, die keine andere Macht hat als die Rationalisierung der Ungleichheit. Der Fortschrittsglaube ist die moderne Form dieser Macht, gereinigt von den materiellen Formen traditioneller Autorität: Die Fortschrittler haben *keine andere Macht* als diese Unwissenheit, diese Unfähigkeit des Volkes, die ihre Priesterschaft begründet. Wie könnten sie, ohne den Abgrund unter ihren Füßen zu öffnen, den Menschen des Volkes sagen, dass diese ihrer nicht bedürfen, um freie Menschen zu sein sowie über alles unterrichtet, was ihrer Menschenwürde geziemt? „Jeder dieser angeblichen Emanzipierenden hat seine Herde Emanzipierter, die er sattelt, zügelt und der er Sporen gibt."[114] Sie finden sich auch vereinigt darin, die einzig *schlechte* Methode, die *verheerende* Methode zurückzuweisen, nämlich die Methode der *schlechten* Emanzipation, die Methode – die Antimethode – Jacotot.

Diejenigen, die diesen Namen verschweigen, wissen, was sie tun. Denn es ist dieser Eigenname, der alleine den Unterschied macht, der die *Gleichheit der Intelligenzen* verkündet und den Abgrund unter den Schritten aller Ausbilder und Beglücker des Volkes sich auftun lässt. Es ist wichtig, dass dieser Name verschwiegen wird, dass die *Verkündigung* nicht durchkommt. Und dass der Scharlatan es sich gesagt sein lässt: „Du kannst machen, was du willst, diejenigen, die nicht lesen können, können nur durch uns erfahren, was du gedruckt hast, und wir wären ziemlich dumm, ihnen zu sagen, dass sie unsere Erklärungen nicht brauchen. Wenn wir jemandem Leseunterricht geben, fahren wir fort damit, alle *guten* Methoden anzuwenden, niemals jene, die die Idee der intellektuellen Emanzipation vermitteln könnten. Hüten wir uns davor, damit zu beginnen, Gebete lesen zu lassen, das Kind, das sie kennt, könnte glauben, dass es sie ganz alleine erraten hat. Vor allem darf es nicht wissen, dass derjenige, der die Gebete lesen kann, den ganzen Rest alleine lernen kann (...) Hüten wir uns, jemals diese emanzipatorischen Worte auszusprechen: lernen und in Beziehung setzen."[115]

Was es vor allem zu verhindern galt, war, die Armen wissen zu lassen, dass sie sich durch ihre eigenen Fähigkeiten bilden können, dass sie *Fähigkeiten* haben – diese Fähigkeiten, die nun in der gesellschaftlichen und politischen Ordnung den alten Adelstiteln nachfolgten. Und am besten dafür war es, sie auszubilden, das heißt ihnen den Maßstab ihrer Unfähigkeit zu vermitteln. Überall eröffnete man Schulen, nirgends wollte man die Möglichkeit, ohne erklärenden Lehrmeister zu lernen, verkünden. Die intellektuelle Emanzipation hatte ihre „Politik" auf einem Prinzip gegründet: nicht versuchen, in die gesellschaftlichen Institutionen einzudringen, es von den Individuen und Familien her angehen. Aber man befand sich in einer Zeit, in der diese Trennung, die die Chance der Emanzipation war, durchlässig wurde. Gesellschaftliche Institutionen, intellektuelle Korporationen und politische Parteien schlugen nun an die Türen der Familien, wandten sich an alle Individuen, um sie auszubilden. Bis dahin kontrollierte die Universität mit ihrer Abschlussprüfung nur den Zugang zu wenigen Berufen: ein paar Tausend Rechtsanwälte, Mediziner und Akademiker. Der Rest der gesellschaftlichen Karrieren war für die offen, die sich auf ihre Weise ausgebildet hatten. Man brauchte zum Beispiel nicht Abiturient zu sein, um aufs Polytechnikum gehen zu können. Aber mit dem System der perfektionierten Erklärungen wurde das System *perfektionierter* Prüfungen eingerichtet. Die Alte versperrte nunmehr mit Hilfe der Perfektionierer durch ihre Prüfungen mehr und mehr die Freiheit, anders zu lernen als durch ihre Erklärungen und durch den noblen

Aufstieg ihrer Grade. Die perfektionierte Prüfung, die beispielhafte Repräsentation der Allwissenheit des Lehrmeisters und der Unfähigkeit des Schülers, ihm jemals gleichzukommen, wird sich nunmehr als die unumgängliche Macht der Ungleichheit der Intelligenzen demjenigen in den Weg stellen, der in der Gesellschaft eben seinen eigenen Weg gehen will. Die intellektuelle Emanzipation musste zusehen, wie ihre Verschanzungen, die Rückzugsnester der alten Gesellschaft unerbittlich durch das Vordringen der Erklärmaschine in Bedrängnis gebracht und erobert wurden.

Die pädagogisierte Gesellschaft

Dazu verschworen sich schließlich alle, und das umso mehr, je sehnsüchtiger sie die Republik und das Glück des Volkes herbeiwünschten. Die Republikaner proklamieren die Souveränität des Volkes als Prinzip, doch *sie wissen,* dass das souveräne Volk nicht mit der unwissenden Menge, die sich nur der Verteidigung ihrer materiellen Interessen widmet, identifiziert werden kann. Sie *wissen* aber auch, dass die Republik die Gleichheit der Rechte und Pflichten bedeutet, dass sie die Gleichheit der Intelligenzen jedoch nicht dekretieren kann. Es ist nämlich offensichtlich, dass die Intelligenz eines rückständigen Bauern nicht die eines Oberhauptes der Republik ist. Die einen denken, dass diese unvermeidbare Ungleichheit zur gesellschaftlichen Verschiedenartigkeit beiträgt wie die unendliche Varietät der Blätter zum unerschöpflichen Reichtum der Natur. Sie darf nur die niedrige Intelligenz nicht daran hindern, ihre Rechte und vor allem ihre Pflichten zu verstehen. Andere denken, dass die Zeit allmählich und fortschreitend diese Schwäche abmildern wird, die aus den Jahrhunderten der Unterdrückung und Dunkelheit stammt. In beiden Fällen hat der Grund der Gleichheit – der guten, nicht verheerenden Gleichheit – dieselbe *Voraussetzung*, die Ausbildung des Volkes: Bildung der Unwissenden, von Menschen, die in egoistischen materiellen Sorgen stecken, von Individuen, die in ihrer Vereinzelung gefangen sind, durch Wissende, durch hingebungsvolle Menschen, durch das Universelle der Vernunft und der öffentlichen Macht. Das nennt sich *öffentliche Bildung*, das heißt empirische Volksbildung, die von den Stellvertretern des Begriffs des souveränen Volkes aufs Programm gesetzt wird.

Die öffentliche Bildung ist somit der weltliche Arm des Fortschritts, das Mittel, die Ungleichheit fortschreitend zu egalisieren, das heißt die Gleichheit unendlich inegal zu machen. Sobald dieses Prinzip akzeptiert ist, gibt es logischerweise nur eine Schlussfolgerung daraus zu ziehen: die Leitung der dummen Menge durch die Kaste der Intelligenz. Die Republikaner und alle ernsthaften Menschen des Fortschritts fühlen, dass sich ihr Herz angesichts dieser Konsequenz zusammenkrampft. All ihre Anstrengung richtet sich darauf, dem Prinzip zuzustimmen und die Konsequenz zu verweigern. So macht es der redegewandte Autor des *Buches des Volkes*, Monsieur de Lamennais. „Wahrscheinlich", erkennt er *ehrlicherweise* an, „besitzen die Menschen nicht die gleichen Fähigkeiten".[116] Aber muss der Mensch des Volkes deswegen sofort zum passiven Gehorsam verdammt und in den Rang eines Tieres hinabgestuft werden? Das kann so nicht sein: „Als erhabenes Attribut der Intelligenz unterscheidet die Selbstbeherrschung den Menschen vom Tier."[117] Wahrscheinlich bringt die ungleiche Verteilung dieses erhabenen Attributs die „Stadt Gottes", die der Verleiher der Attribute dem Volk zu bauen aufträgt, in Gefahr. Aber sie scheint möglich, wenn das Volk sein wiedergewonnenes Recht „mit Weisheit zu gebrauchen" versteht. Das Mittel, es nicht zu *erniedrigen*, das Mittel, es sein Recht *mit Weisheit gebrauchen* zu lassen, das Mittel, die Gleichheit mit Ungleichheit herzustellen, ist die Bildung des Volkes, das heißt die unendliche Verringerung seiner Zurückgebliebenheit.

Dies ist die Logik der „Verminderung" der Ungleichheiten, die eingerichtet wird. Wer der Fiktion der Ungleichheit der Intelligenzen zugestimmt hat, wer die einzige Gleichheit, die die gesellschaftliche Ordnung mit sich führen könnte, abgelehnt hat, braucht nicht mehr von Fiktion zu Fiktion und von der Ontologie zur Korporation laufen, um das souveräne mit dem rückständigen Volk, die Ungleichheit der Intelligenzen und die Gegenseitigkeit der Rechte und Pflichten zu versöhnen. Die öffentliche Bildung, die eingerichtete gesellschaftliche Fiktion der Ungleichheit als Rückstand, ist die Zauberin, die all diese Vernunftwesen versöhnen wird. Sie vollbringt das, indem sie das Feld ihrer Erklärungen sowie die Prüfungen, die sie kontrolliert, ins Unendliche erweitert. Diese Rechnung der Alten geht immer auf, mit neuen Lehrstühlen der Industriellen und dem strahlenden Glauben der Fortschrittler.

Dagegen kann man nichts anderes zu tun, als diesen angeblich ernsthaften Menschen zu erwidern, sie sollten *aufmerksamer* sein: „Ändert diese Form, zerreißt die Leine, brecht jeden Pakt mit der Alten. Denkt daran, dass sie nicht dümmer ist als ihr. Träumt davon und sagt mir, *was ihr darüber denkt.*“[118] Aber wie sollten sie jemals hören, was folgt. Wie sollten sie hören, dass es nicht die Mission der Leuchtenden ist, die Obskuranten aufzuklären? Welcher Mann der Wissenschaft und der Aufopferung wird es akzeptieren, sein Licht unter dem Scheffel und das Salz der Erde ohne Geschmack zu lassen? Und wie sollten die jungen zarten Pflanzen, die kindlichen Geister des Volkes ohne den wohltuenden Tau ihrer Erklärungen wachsen? Wer könnte verstehen, dass ihr Mittel, sich innerhalb der intellektuellen Ordnung zu erheben, nicht das ist, von den Wissenden zu lernen, was sie nicht wissen, sondern es andern Unwissenden zu lehren? Diese Argumentation kann ein Mensch mit großen Schwierigkeiten verstehen, aber keine *Kapazität* wird sie jemals verstehen. Joseph Jacotot selbst hätte sie niemals gehört ohne den Zufall, der ihn zum unwissenden Lehrmeister gemacht hatte. Nur der Zufall ist stark genug, den eingesessenen, eingefleischten Glauben in die Ungleichheit umzustoßen.

Es würde allerdings ein *Nichts* genügen. Es würde reichen, wenn die Freunde des Volkes einen kurzen Augenblick ihre Aufmerksamkeit auf diesen Ausgangspunkt, auf dieses erste Prinzip richten würden, das sich in einem sehr einfachen, sehr alten metaphysischen Axiom zusammenfassen lässt: Die Natur des Ganzen kann nur dieselbe wie die der Teile sein. Was man der Gesellschaft an Vernünftigkeit gibt, nimmt man von den Individuen, die sie ausmachen. Und was sie den Individuen verweigert, wird die Gesellschaft sehr wohl für sich nehmen können, aber sie wird es ihnen niemals zurückgeben. Es ist mit der Vernunft wie mit der Gleichheit, die ihr Synonym ist. Man muss wählen, ob man sie den wirklichen Individuen zuspricht oder ihrer fiktiven Vereinigung. Man muss wählen zwischen einer Gesellschaft der Ungleichheit mit gleichen Menschen oder einer Gesellschaft der Gleichheit mit ungleichen Menschen. Wer Geschmack für die Gleichheit hat, dürfte nicht zögern: Die Individuen sind die realen Wesen und die Gesellschaft eine Fiktion. Für die realen Wesen hat die Gleichheit einen Wert, für eine Fiktion hingegen nicht.

Es würde für alle genügen zu lernen, sich als gleiche Menschen in einer Gesellschaft der Ungleichheit anzusehen. Das bedeutet, *sich zu emanzipieren*. Aber diese so einfache Sache ist die am schwersten verständliche, vor allem seit die neue Erklärung, der Fortschritt, die Gleichheit unauflöslich mit ihrem Gegenteil vermengt hat. Die Aufgabe, der sich die Kapazitäten und die republikanischen Herzen verschrieben haben, ist jene, eine Gesellschaft der Gleichheit mit ungleichen Menschen zu bilden, unendlich die Ungleichheit zu *vermindern*. Aber wer sich dafür entschieden hat, verfügt nur über ein Mittel, es zu Ende zu bringen, nämlich die vollständige Pädagogisierung der Gesellschaft, das heißt die allgemeine Infantilisierung der Individuen, aus denen sie sich zusammensetzt. Später wird man das kontinuierliche Weiterbildung nennen, das bedeutet ein Zusammenfallen von Erklärinstitution und Gesellschaft. Die Gesellschaft der niedrigen Höheren wird *gleich* sein, sie wird die Ungleichheiten *vermindert* haben, wenn sie sich gänzlich in eine Gesellschaft von erklärten Erklärenden umgewandelt haben wird.

Die Besonderheit, die *Verrücktheit* von Joseph Jacotot war es, dies zu fühlen: Man war an dem Punkt, wo das junge Anliegen der Emanzipation, das Anliegen der Gleichheit der Menschen, dabei war, sich in die Sache des gesellschaftlichen Fortschrittes zu verwandeln. Und der *gesellschaftliche Fortschritt* war zuallererst der Fortschritt in der Fähigkeit der gesellschaftlichen Ordnung, sich als vernünftige Ordnung anerkennen zu lassen. Dieser Glaube konnte sich nur zum Schaden des emanzipatorischen Projekts der vernünftigen Individuen entwickeln, zum Preis des Erstickens des menschlichen Potentials, das die Idee der Gleichheit in sich trug. Eine enorme Maschine setzte sich in Gang, um die Gleichheit durch Ausbildung zu fördern. Das war die repräsentierte, sozialisierte, *inegalisierte* Gleichheit, die geeignet war, *perfektioniert* zu werden, das heißt von Kommission zu Kommission, von Bericht zu Bericht, von Reform zu Reform verschoben zu werden, bis ans Ende der Zeit. Jacotot war der Einzige, der diese Auslöschung der Gleichheit unter dem Fortschritt, der Emanzipation unter der Ausbildung sah. Verstehen wir ihn recht. Antifortschrittliche Phrasendrescher kannte sein Jahrhundert zuhauf, und der heutige Zeitgeist des ermüdeten Fortschritts will, dass man ihrer Klarsichtigkeit Ehre erweist. Das ist vielleicht zu viel der Ehre: Sie hassten einfach nur die Gleichheit. Sie hassten den Fortschritt, weil sie ihn wie die Fortschrittler mit der Gleichheit verwechselten. Jacotot war der einzige *Egalitarist*, der die Repräsentation und die Institutionalisierung des Fortschritts als Aufgeben des intellektuellen und moralischen Projekts der Gleichheit, die öffentliche Bildung als Trauerarbeit der Emanzipation betrachtete. Ein Wissen dieser Art verursacht eine schreckliche Einsamkeit. Jacotot nahm diese Einsamkeit auf sich. Er verweigerte jede pädagogische und fortschrittliche Übersetzung der emanzipatorischen Gleichheit. Er kündigte es seinen Anhängern an, die seinen Namen unter dem Zeichen der „natürlichen Methode" verbargen: Niemand in Europa war stark genug, diesen Namen, den Namen des Verrückten zu tragen. Der Name Jacotot stand für diesen zugleich unerbittlichen und spöttischen Glauben an die Gleichheit der vernünftigen Wesen, die unter der Fiktion des Fortschritts begraben wurde.

Die Erzählungen der Panekastik

Es gab nichts anderes zu tun, als den Abstand aufrechtzuerhalten, den dieser Name herstellte. Jacotot hat die Dinge so auf den Punkt gebracht. Für die Fortschrittler, die kamen, um ihn zu sehen, hatte er ein *Sieb*. Wenn sie sich für ihn zu sehr bei der Sache der Gleichheit ereiferten, sagte er ganz leise: *Man kann lehren, worin man unwissend ist.* Das Sieb funktionierte leider nur zu gut. Es war, als ob man mit einem Finger auf eine Stahlfeder drückte, die immer wieder in ihre Ausgangsposition zurückschnellte. Das Wort, sagten sie einstimmig, war *schlecht gewählt*. Es blieben die Schüler, von denen eine kleine Phalanx versuchte, die Fahne gegenüber den Professoren des „natürlichen" universellen Unterrichts hochzuhalten. Ihnen gegenüber verfuhr er auf seine Weise, sanft: Er teilte sie in zwei Klassen: *lehrende* oder *erklärende* Anhänger der „Methode Jacotot", die die Schüler vom universellen Unterricht zur intellektuellen Emanzipation leiten wollten; und *emanzipierende* Anhänger, die nur unter der Voraussetzung der Emanzipation unterrichteten oder sogar nichts unterrichteten und sich damit begnügten, Familienväter zu emanzipieren, indem sie ihnen zeigten, wie sie ihre Kinder lehren konnten, worin sie unwissend waren. Es versteht sich von selbst, dass er nicht alles mit demselben Maß bewertete. Er zog „einen unwissenden Emanzipierten, einen einzigen, hundert Millionen Wissenden, die vom universellen Unterricht belehrt, aber nicht emanzipiert wurden"[119], vor. Aber selbst das Wort Emanzipation war ambivalent geworden. Nach dem Desaster des Unternehmens von Girardin hatte Monsieur de Sépres den Titel *Die Emanzipation* für seine Zeitung übernommen, die großzügig von den besten Arbeiten der Schüler des *Nationalen Gymnasiums* dotiert wurde. Es wurde daran eine *Gesellschaft für die Verbreitung des universellen Unterrichts* angeschlossen, deren Vizepräsident beredt für die Notwendigkeit qualifizierter Lehrmeister eintrat und zugleich die fehlende Möglichkeit für arme Familienväter, sich selbst um die Ausbildung ihrer Kinder zu kümmern, betonte. Man musste den Unterschied hervorheben: Die Zeitung von Jacotot, die seine zwei Söhne für ihn redigierten, während er ihnen diktierte – seine Schwäche hinderte ihn daran zu schreiben, er war gezwungen, seinen Kopf zu stützen, der sich nicht mehr gerade halten wollte –, diese Zeitung nahm also den Titel *Zeitung für panekastische Philosophie* an. Ihrem Vorbild gemäß schufen die

Getreuen eine *Gesellschaft für panekastsiche Philosophie*. Diesen Namen versuchte niemand, ihnen streitig zu machen.

Wir wissen, was er bedeutete: In *jeder* intellektuellen Manifestation steckt das Ganze der menschlichen Intelligenz. Der Panekastiker ist ein Liebhaber der Rede, wie der schlaue Sokrates und der naive Phaidros. Aber im Gegensatz zu den Protagonisten von Platon kennt er keine Hierarchie unter den Rednern, noch unter den Reden. Im Gegenteil, was ihn interessiert, ist, ihre Gleichheit zu suchen. Er erwartete sich von keiner Rede die Wahrheit. Sie lässt sich fühlen, aber nicht sagen. Sie bietet für den Fortgang der Rede eine Regel, aber sie zeigt sich nie in ihren Sätzen. Der Panekastiker urteilt auch nicht über die Moral der Reden. Die Moral, die für ihn zählt, ist die, die über den Akt des Sprechens und des Schreibens wacht, über die Absicht zu kommunizieren, über die Anerkennung des anderen als intellektuelles Subjekt, das fähig ist zu verstehen, was ein intellektuelles Subjekt ihm sagen will. Der Panekastiker interessiert sich für alle Reden, für alle intellektuellen Manifestationen, und verfolgt dabei einen einzigen Zweck: verifizieren, dass sie dieselbe Intelligenz ins Werk setzen, die Gleichheit verifizieren, indem man eine Intelligenz in eine andere übersetzt.

Das setzte ein unerhörtes Verhältnis zu den Debatten der Zeit voraus. Der intellektuelle Kampf um das Volk und seine Fähigkeit war voll entbrannt: Monsieur de Lamennais hatte das *Buch des Volkes* veröffentlicht. Monsieur Lerminier, abtrünniger Saint-Simonist und Orakel der *Zeitschrift der zwei Welten*, hatte dessen Inkonsequenz angeprangert. Frau George Sand hatte ihrerseits den Banner des Volkes und seiner Souveränität aufgepflanzt. Die *Zeitung für panekastische Philosophie* analysierte jede dieser intellektuellen Darbietungen. Jede davon beanspruchte, einem politischen Lager als Zeuge der Wahrheit zu dienen. Das war eine Sache, die den Bürger betraf, aber der Panekastiker hatte daraus nichts zu folgern. Was ihn an dieser Abfolge von Widerlegungen interessierte, war die *Kunst*, die die einen wie die anderen anwandten, um auszudrücken, *was sie sagen wollten*. Er zeigte, indem er sie ineinander übersetzte, wie sie Tausende andere Gedichte, Tausende andere Abenteuer des menschlichen Geistes, von den klassischen Werken bis zum Märchen von Blaubart oder den Erwiderungen der Proletarier vom Platz Maubert, übersetzten. Diese Suche nach der Kunst war kein Gelehrtenvergnügen. Es war eine Philosophie, die einzige, die das Volk praktizieren konnte. Die alten Philosophien *sagten* die Wahrheit und lehrten die Moral. Sie setzten voraus, dass man dafür sehr gelehrt sein muss. Die Panekastik hingegen sagte nicht die Wahrheit und predigte keine Moral. Sie war einfach und leicht wie die Erzählung, die jeder von seinen intellektuellen Abenteuern macht. „Es ist die Geschichte von jedem von uns (…) Was auch immer eure Spezialität sei, Schäfer oder König, ihr könnt über den menschlichen Geist sprechen. Die Intelligenz passt zu allen Berufen; sie lässt sich in allen gesellschaftlichen Klassen beobachten (…) der Vater und der Sohn, beide unwissend, können sich über die Panekastik unterhalten.“[120]

Das Problem der Proletarier, die von der offiziellen Gesellschaft und von der politischen Repräsentation ausgeschlossen sind, unterscheidet sich nicht von dem der Wissenden und Mächtigen: Wie sie können sie Menschen im vollen Sinne des Wortes nur werden, wenn sie die Gleichheit *anerkennen*. Die Gleichheit wird weder gegeben noch gefordert, sie wird praktiziert, sie wird *verifiziert*. Und die Proletarier können sie nur verifizieren, indem sie die Gleichheit der Intelligenz ihrer Helden und ihrer Gegner anerkennen. Wahrscheinlich waren sie zum Beispiel an der Pressefreiheit, die von den Gesetzen vom September 1835 attackiert wurde, interessiert. Aber sie mussten anerkennen, dass die Logik ihrer Verteidiger, die für sie eintraten, nicht mehr und nicht weniger Kraft hatte als die ihrer Gegner, die sie zurückwiesen. Wir wollen, sagten zusammenfassend die einen, dass man die Freiheit hat, alles zu sagen, was man zu sagen die Freiheit haben muss. Wir wollen nicht, antworteten die anderen, dass man die Freiheit hat zu sagen, was man nicht die Freiheit zu sagen haben darf. Das Wichtige, die Kundgebung der Freiheit, lag anderswo: in derselben *Kunst*, die sie, um diese gegensätzlichen Positionen einzunehmen, ineinander übersetzten; in der *Wertschätzung*, die aus diesem Vergleich gezogen wurde, für die Macht der Intelligenz, die nicht aufhört, sich selbst inmitten der rhetorischen

Unvernunft zu erweisen; in der *Anerkennung* dessen, was reden für denjenigen bedeuten *kann*, der auf die Anmaßung verzichtet, Recht zu haben und die Wahrheit zu sagen, und dafür den Tod des anderen in Kauf zu nehmen. Sich diese Kunst anzueignen, diese Vernunft zu erlangen, das war es, was für die Proletarier zählte. Man muss Mensch sein, bevor man Bürger ist. „Welche Partei in diesem Kampf er auch als Bürger unterstützen mag, als Panekastiker muss er den Geist seiner Gegner bewundern. Ein Proletarier, der aus der Klasse der Wähler ausgestoßen wurde und noch mehr aus der Klasse der Wählbaren, ist nicht verpflichtet, gerecht zu finden, was er als Usurpation ansieht, oder gar die Usurpatoren zu lieben. Aber er muss die Kunst derer lernen, die ihm erklären, wie man ihn seines Rechts beraubt."[121]

Es gab nichts anderes zu tun, als daran festzuhalten, diesen extravaganten Weg anzuzeigen, der darin besteht, mit jedem Satz, mit jeder Handlung, die *Seite der Gleichheit* zu vertreten. Die Gleichheit ist kein Ziel, das man erreicht, sondern ein Ausgangspunkt, eine *Annahme*, die es gilt, unter allen Umständen aufrechtzuerhalten. Niemals würde die Wahrheit für sie sprechen. Die Gleichheit wird immer nur in ihrer Verifizierung existieren, zu dem Preis, sich immer und überall zu verifizieren. Dies war keine Rede, die man dem Volk hält, das war nur ein Beispiel, oder waren eher Beispiele, die man zeigt, wenn man sich mit jemandem unterhält. Es war eine Moral des *Scheiterns* und der *Distanz*, die man bis zum Schluss aufrechterhält mit jedem, der sie teilen möchte: „*Sucht* die Wahrheit, und ihr werdet sie nie finden; klopft an ihre Tür, und sie wird euch nicht öffnen, aber diese *Suche* wird euch dabei nützlich sein zu lernen, etwas zu machen (…) Verzichtet darauf, von diesem Brunnen zu trinken, aber hört nicht auf zu versuchen, daraus zu trinken (…) Kommt und wir werden dichten. Es lebe die panekastische Philosophie! Sie ist eine Erzählerin, der niemals die Erzählungen ausgehen. Sie überlässt sich dem Vergnügen der Vorstellung, ohne der Wahrheit Rechenschaft geben zu müssen. Sie sieht diese Verschleierte nur in ihren Verkleidungen, hinter denen sie sich verbirgt. Sie begnügt sich damit, die Masken zu sehen, sie zu analysieren, ohne sich um das

Gesicht zu sorgen, das darunter ist. Die Alte ist niemals zufrieden; sie lüftet eine Maske, sie freut sich darüber, aber ihre Freude dauert nur kurz, sie bemerkt bald, dass die Maske, die sie gelüftet hat, nur eine andere verdeckt und so weiter bis zum Ende der Sucher der Wahrheiten. Das Lüften dieser angeblichen Masken ist das, was man Geschichte der Philosophie nennt. Oh, eine schöne Geschichte! Ich mag aber lieber die Erzählungen der Panekastik.“[122]

Das Grab der Emanzipation

So endet *Vermischtes Posthumes der panekastischen Philosophie*, veröffentlicht 1841 von den Söhnen von Joseph Jacotot, dem Arzt Victor und dem Rechtsanwalt Fortuné. Der Gründer starb am 7. August 1840. Auf seinem Grab am Friedhof Père-Lachaise ließen die Anhänger das Credo der intellektuellen Emanzipation einmeißeln: *Ich glaube, dass Gott die menschliche Seele fähig gemacht hat, sich selbst und ohne Lehrmeister zu bilden.* Solche Dinge schreibt man nicht, schon gar nicht auf den Marmor eines Grabsteins. Einige Monate später wurde die Aufschrift geschändet.

Die Nachricht von der Schändung erschien in der *Zeitung für intellektuelle Emanzipation*, deren Fackel Victor und Fortuné Jacotot weitertrugen. Aber man kann die Stimme eines Einzelgängers nicht ersetzen, selbst wenn man mehrere Jahrzehnte lang seine Feder gehalten hat. Von Ausgabe zu Ausgabe sieht man in der *Zeitung* die Berichte zunehmen, die Monsieur Devaureix, Anwalt am Gerichtshof von Lyon, von der Aktivität des *Instituts des Fleischgewordenen Wortes* gab, das Monsieur Louis Guillard, wie man sich wohl erinnert, in Lyon nach den Prinzipien, die er von einer Reise nach Löwen mitgebracht hatte, leitete:

Der Unterricht musste auf dem *Erkenne dich selbst!* gegründet sein. So gäbe die von den jungen Seelen der Pensionäre praktizierte Gewissenserforschung ihnen die moralische Kraft, die den Erfolg ihres intellektuellen Lernens lenkt.

Die Panekastiker der reinen Lehre erregten sich in der Ausgabe vom September 1842 über diese sonderbare Anwendung der emanzipatorischen Doktrin. Aber es war keine Zeit mehr, darüber zu debattieren. Zwei Monate später verfiel die *Zeitung für intellektuelle Emanzipation* ihrerseits in Schweigen.

Der Gründer hatte es ja vorausgesagt: Der universelle Unterricht wird sich nicht durchsetzen. Aber er hatte hinzugefügt, dass er nie untergehen werde.

Anmerkungen

1 Felix und Victor RATIER, *Enseignement universel. Emancipation intellectuelle*, in: *Journal de Philosophie panécastique*, 1838, S. 155.
2 *Sommaire des leçons publiques de M. Jacotot sur les principes de l'enseignement universel*, herausgegeben von J. S. Van de WEYER, 1822, S. 11.
3 *Enseignement universel. Langue maternelle*, 6. Auflage, Paris 1836, S. 448 und *Journal de l'émancipation intellectuelle*, 3. Band, S. 121.
4 *Enseignement universel. Langue étrangère*, 2. Auflage, Paris 1829, S. 219.
5 „*C'est de l'hébreu*" bedeutet so viel wie: „Das kommt mir Spanisch vor", ist also ein sprichwörtlicher Ausdruck für etwas Unverständliches (A.d.Ü.).
6 *Enseignement universel. Mathématiques*, 2. Auflage, Paris 1829, S. 50f.
7 *Lettre du fondateur de l'enseignement universel au général Lafayette*, Louvain 1829, S. 6.
8 *Journal de l'émancipation intellectuelle*, 3. Band, 1835/36, S. 15.
9 Ebenda, S. 380.
10 GONOD, *Nouvelle exposition de la méthode de Joseph Jacotot*, Paris 1830, S. 12f.
11 *Langue maternelle*, S. 464f.
12 *Journal de l'émancipation intellectuelle*, 3. Band, 1835/36, S. 9.
13 Ebenda, S. 11.
14 *Journal de l'émancipation intellectuelle*, 4. Band, 1841/42, S. 72.
15 Ebenda, S. 73.
16 Ebenda.
17 LORAIN, *Réfutation de la méthode Jacotot*, Paris 1830, S. 90.
18 *Langue maternelle*, S. 271 und *Journal de l'émancipation intellectuelle*, 3. Band, 1835/36, S. 323.
19 *Journal de l'émancipation intellectuelle*, 3. Band, 1835/36, S. 253.
20 Ebenda, S. 259.
21 *Journal de l'émancipation intellectuelle*, 4. Band, 1836/37, S. 280.
22 *Langue maternelle*, S. 422.
23 Destutt de TRACY, *Observations sur le système actuel d'instruction publique*, Paris, Jahr 9 nach der Französischen Revolution.
24 PLATON, *Kratylos*, 399 c: „Einzig von allen Tieren ist der Mensch richtigerweise *anthropos* genannt worden, weil er untersucht, was er gesehen hat (*anathrôn ha opôpé*)."

25 *Enseignement universel. Musique*, 3. Auflage, Paris 1830, S. 349.
26 PLATON, *Phaidros*, 274 c / 277 a; und Jacques RANCIERE, *Le philosophe et ses pauvres*, Paris: Fayard 1983, S. 66ff.
27 *Journal de l'émancipation intellectuelle*, 5. Band, 1838, S. 168.
28 *Enseignement universel. Mélanges posthumes*, Paris 1841, S. 176.
29 *Journal de l'émancipation intellectuelle*, 3. Band, 1835/36, S. 334.
30 B. FROUSSARD, *Lettre à ses amis au sujet de la méthode Jacotot*, Paris 1829, S. 6.
31 *Langue étrangère*, S. 228f.
32 Ebenda, S. 229.
33 *Langue maternelle*, S. 199.
34 BONALD, *Recherches philosophiques sur les premiers objets des connaissances morales*, Paris 1818, Band 1, S. 67.
35 Gruppe um Destutt de Tracy, die um die Wende des 19. Jahrhunderts eine Naturwissenschaft von der Herkunft der Ideen etablieren wollte (A.d.Ü.).
36 BONALD, *Législation primitive considérée dans les premiers temps par les seules lumières de la raison*, Oeuvres complètes, Paris 1859, Band 1, S. 1161.
37 *Recherches philosophiques sur les premiers objets des connaissances morales*, S. 105.
38 *Journal de l'émancipation intellectuelle*, Band 4, 1836/37, S. 430f.
39 *Enseignement universel. Droit et Philosophie panécastique*, Paris 1838, S. 278.
40 Im Orig. „*elle ne veut rien dire*", was bedeutet „sie bedeutet nichts". Da das *veut* hier aber wörtlich genommen wird, ist zu verstehen, dass diese Behauptung nicht nur nichts bedeutet, sondern auch „nichts sagen will", mit Betonung auf „will" (A.d.Ü.).
41 *Langue maternelle*, S. 330.
42 *Langue maternelle*, S. 33.
43 *Journal de l'émancipation intellectuelle*, 4. Band, 1836/37, S. 187.
44 *Droit et philosophie panécastique*, S. 42.
45 Ebenda, S. 41.
46 *L'Observateur belge*, 1818, 16. Band, Nr. 426, S. 142f.
47 *Droit et philosophie panécastique*, S. 11ff.
48 Ebenda, S. 231.
49 *Musique*, S. 163.
50 Ebenda, S. 314.
51 *Droit et philosophie panécastique*, S. 91.
52 *Musique*, S. 347.
53 *Langue maternelle*, S. 149. Der Ausspruch *Auch ich bin Maler!* (*Anch'io son pittore!*) wird dem vor einem Bild Rafaels stehenden Correggio zugeschrieben. (A.d.Ü.).
54 *Musique*, S. 322.
55 *Langue maternelle*, S. 281.
56 *Athalie* (1691) ist eine Tragödie von RACINE (1633–1699), Josabeth eine Figur darin (A.d.Ü.).
57 *Langue maternelle*, S. 284.

58 Ebenda, S. 282.

59 Ebenda, S. 234.

60 Ein Phalanstère ist eine Gemeinschaftseinheit im utopischen System von Charles Fourier (A.d.Ü.).

61 *Musique*, S. 338.

62 Im Orig. *la raison*, bedeutet „die Vernunft"; *avoir raison* bedeutet „Recht haben" (A.d.Ü.).

63 *Journal de philosophie panécastique*, 5. Band, 1838, S. 265.

64 „Während die Erziehung die Gesamtheit des Volkes umfasst, und die erste Tugend in der einheitlichen Harmonie liegt, zerstört eine perverse Methode diese Einheit und trennt die Gemeinschaft in entgegengesetzte Teile (…) Man verjage diesen Wahnsinn aus unserem Land. Die lerneifrige Jugend muss sich nicht nur bemühen, geleitet von der Liebe zum Schönen und zur Literatur, die Faulheit zu fliehen wie das schlimmste Übel, sondern auch, sich an diese Scham, diese Bescheidenheit zu halten, die von alters her in göttlichen Ehren standen. Nur so werden sie Elitebürger sein, Rächer der Gesetze, Meister der Tugenden, Interpreten der göttlichen Gebote, Verteidiger des Vaterlandes, Stolz eines ganzen Volkes (…) Und auch du, Königliche Majestät, höre! Denn dir ist die Fürsorge um deine Untertaten anvertraut, vor allem in diesem zarten Alter. Es ist eine geheiligte Pflicht, die Lehrer dieser Sorte zu vernichten, diese Schulen der Finsternis zu beseitigen." *Annales Academiae Lovendiensis*, Band IX, 1825/26, S. 216, 220, 222.

65 *Journal de l'émancipation intellectuelle*, 3. Band, 1835/36, S. 223.

66 *Mélanges posthumes*, S. 118.

67 *Langue étrangère*, S. 75.

68 *Mélanges posthumes*, S. 116.

69 *Musique*, S. 52.

70 *Langue maternelle*, S. 278.

71 Ebenda, S. 91.

72 Ebenda, S. 137.

73 „Wenn man ein Übel unserer Institutionen aufdeckt und ein Heilmittel vorschlägt, steht sogleich ein großer Funktionär auf, der, ohne den Vorschlag zu diskutieren, mit ernster Miene aufschreit: ‚Ich bin nicht auf die Untersuchung dieser Frage vorbereitet, ich gestehe meine Unfähigkeit ein etc.' Der versteckte Sinn dieser Worte ist aber der: ‚Wenn ein Mann wie ich, hochgestellt und mit einer Begabung ausgestattet, die meiner Würde entspricht, seine Unfähigkeit eingesteht, ist es dann nicht Anmaßung, ist es nicht Wahnsinn von Seiten derer, die vorgeben, eine fertige Meinung darüber zu haben?' Das ist eine Methode indirekter Einschüchterung; es ist die Arroganz unter dem durchsichtigen Schleier der Bescheidenheit." *Traité des sophismes parlementaires,* Paris 1840, S. 84.

74 DUMONT, Vorwort zu BENTHAM, *Tactique des assemblées parlementaires*, Genf 1816, S. XV.

75 BENTHAM, *Tactique des assemblées parlementaires*, S. 6.

76 *Langue maternelle*, S. 328f.
77 *Journal de l'émancipation intellectuelle*, 4. Band, 1836/37, S. 357.
78 *Langue maternelle*, S. 339.
79 *Langue maternelle*, S. 109.
80 *Musique*, S. 194f.
81 *Musique*, S. 195.
82 *Langue maternelle*, S. 365.
83 „Le Contrat social", *Journal de philosophie panécastique*, 5. Band, S. 62.
84 *Journal de philosophie panécastique*, 5. Band, 1838, S. 211.
85 *Langue étrangère*, S. 123.
86 *Langue maternelle*, S. 289f.
87 *Langue maternelle*, S. 359.
88 *Langue maternelle*, S. 356.
89 Ebenda, S. 342.
90 PLATON, *Phaidros*, 273 e.
91 *Essais de palingénésie sociale. Formule générale de l'histoire de tous les peuples appliquée à l'histoire du peuple romain*, in: *Revue de Paris*, April 1829, S. 155.
92 *Manuel de l'émancipation intellectuelle*, Paris 1841, S. 15.
93 *Manuel populaire de la méthode Jacotot*, von Dr. Reter de BRIGTON, Paris 1830, S. 3.
94 *Mathématiques*, S. 97.
95 *Mathématiques*, S. 1f.
96 *Journal de philosophie panécastique*, 5. Band, 1838/39, S. 1-12.
97 *Journal de philosophie panécastique*, 5. Band 1838, S. 277.
98 Ebenda, S. 279.
99 LASTEYRIE, *Résumé de la méthode de l'enseignement universel d'après M. Jacotot*, Paris 1829, S. XXVII–XVIII.
100 *Langue maternelle*, S. 446 und S. 448.
101 *Remarques sur la méthode de M. Jacotot*, Brüssel 1827 und *L'Université protégée par l'ânerie des disciples de Joseph Jacotot*, Paris und London 1830.
102 *Journal d'éducation et d'instruction*, IV. Jahr, S. 81-3 und S. 264-6.
103 *Journal de l'émancipation intellectuelle*, 4. Band, 1836/37, S. 328.
104 *Mathématiques*, S. 21f.
105 Ebenda, S. 143.
106 Ebenda, S. 22.
107 Ebenda, S. 21.
108 *Journal de philosophie panécastique*, 5. Band, 1838, S. 279.
109 *Journal des connaissances utiles*, 3. Jahr, 1833, S. 63.
110 Ebenda, 2. Jahr, Nr. 2, 1. Februar 1832, S. 19ff.
111 Ebenda, 3. Jahr, S. 208ff.
112 *Journal de l'émancipation intellectuelle*, 4. Jahr, 1836/37, S. 328.
113 *Mathématiques*, S. 191f.
114 *Droit et philosophie panécastique*, S. 342.

115 *Droit et philosophie panécastique*, S. 330f.

116 *Le livre du peuple*, Paris 1838, S. 65 und *Journal de la philosophie panécastique*, 5. Band, 1838, S. 144.

117 Freies Zitat aus *Livre du peuple*, S. 73, in *Journal de la philosophie panécastique*, S. 145.

118 *Mathématiques*, S. 22.

119 *Journal de l'émancipation intellectuelle*, 3. Band, 1835/36, S. 276.

120 *Droit et philosophie panécastique*, S. 214.

121 *Droit et philosophie panécastique*, S. 293.

122 *Mélanges posthumes*, S. 349ff.